8,90

Topos plus **Taschenbücher**
Band 357

Peter Lüning

Ökumene an der Schwelle zum dritten Jahrtausend

Topos plus Taschenbücher

Topos plus Verlagsgemeinschaft

Butzon & Bercker, Kevelaer | Don Bosco, München | Echter, Würzbu
Lahn-Verlag, Limburg Kevelaer | Matthias-Grünewald-Verlag, Mai
Paulusverlag, Freiburg Schweiz | Friedrich Pustet, Regensbu
Styria, Graz Wien Köln | Tyrolia, Innsbruck Wie

verlags gruppe engagement

Die Deutsche Bibliothek – CIP-Einheitsaufnahme
Ein Titeldatensatz für diese Publikation
ist bei Der Deutschen Bibliothek erhältlich

Einband- und Reihengestaltun
home.made designarbeit, Ess
Herstellung: Pustet, Regensbu

Printed in Germa

Topos plus - Bestellnummer: 3-7867-8357-8

Inhaltsverzeichnis

Vorwort

Wenn man heutzutage Menschen auf der Straße fragt, was sie unter „Ökumene“ verstehen, dann fällt auf, dass entweder eine völlige Unkenntnis herrscht oder aber „Ökumene“ mit „Ökonomie“ und „Ökologie“ verwechselt wird. Nur eine Minderheit der Befragten bringt diesen Begriff in einen Zusammenhang mit der ökumenischen Bewegung der *christlichen Konfessionen* (Katholiken, Protestanten, Anglikaner, Orthodoxe).

Zahlreiche Menschen verwenden den Begriff „Ökumene“ stattdessen in einem sehr weiten Sinne, um das Gespräch oder die Beziehungen zwischen den verschiedenen *Weltreligionen* (Christentum, Judentum, Islam, Hinduismus, Buddhismus usw.) zu bezeichnen. Die innerchristliche Verwendung des Begriffes „Ökumene“ für das Ziel der Einheit der Christen kommt diesen Menschen nicht mehr (unmittelbar) in den Blick.

Es hat sich somit in den letzten Jahren ein Bedeutungswandel des populären Gebrauchs des Begriffes ergeben. Während die Öffentlichkeit zunehmend das Gespräch der Weltreligionen als „Ökumene“ kennzeichnet, halten die meisten christlichen Theologen und Kirchenführer an der „klassischen“ Verwendung des Begriffes für den Dialog der christlichen Konfessionen untereinander und für ihre Suche nach kirchlicher Einheit fest.

In dem vorliegenden Buch sollen in einfacher Sprache Begriff und Anliegen der christlichen Ökumene vorgestellt werden. Dabei soll deutlich werden, dass es bei der Ökumene nicht um eine zu vernachlässigende Randfrage des christlichen Glaubens geht, sondern um die Überlebensfähigkeit des Christentums im 21. Jahrhundert: Entweder das Christentum von morgen ist ökumenisch, oder es ist gar nicht mehr! Weil der christliche Glaube einen umfassenden Anspruch gegenüber der Welt hat – er spricht von der Versöhnung Gottes mit seiner gesamten Schöpfung –, hat die christliche Ökumene auch eine entscheidende und grundlegende Bedeutung für das Verhältnis des Christentums zu den anderen Religionen und Weltanschauungen.

Auf den folgenden Seiten soll der Leser/die Leserin vertraut gemacht werden mit der grundsätzlichen Problematik der christlichen Ökumene. Wie grundlegend die ökumenische Fragestellung ist, mag die aus dem Johannes-Evangelium der Heiligen Schrift entnommene Bitte Jesu an Gott (-Vater) verdeutlichen:

> „... Wie du, Vater, in mir bist und ich in dir bin, so sollen auch sie in uns sein, damit die Welt glaube, daß du mich gesandt hat" (Joh 17,21).

Paderborn, 7. 3. 2000 Peter Lüning

1. Der Begriff „Ökumene“

Geschichte

Das Wort „Ökumene“ kommt aus dem Griechischen und heißt ursprünglich so viel wie *„bewohnte Erde“*. Damit dachte man zur Zeit der Griechen und Römer (in den letzten vorchristlichen Jahrhunderten) hauptsächlich an die „zivilisierte Welt“ des griechischen und römischen Reiches. Andere Völker und Kulturen waren ja noch gar nicht oder nur sehr wenig bekannt.

Die christliche Kirche hat im Laufe der Zeit dieses Wort zunehmend für sich und ihre Tätigkeit verwendet. Das liegt auch daran, dass sie seit dem vierten Jahrhundert Staatskirche im römischen Reich wurde und bis an die Grenzen dieses Reiches reichte. Die „bewohnte Erde“ (= *„Ökumene“*) war demnach weltlich und kirchlich „bewohnt“. Bereits im Neuen Testament ist von „Ökumene“ die Rede (z. B. Mt 24,14). Hier bedeutet dieser Begriff das Arbeitsfeld (der Missionstätigkeit) der Kirche: Die ganze „bewohnte Welt“ soll das Evangelium hören. Der Begriff „Ökumene“ hat seitdem eine immer stärkere kirchliche Bedeutung bekommen als *„zu missionierende Welt“* oder sogar als gleichbedeutend mit der *Kirche* selbst.

Jedoch findet sich im Neuen Testament auch eine Stelle, die „Ökumene“ in ihrem ursprünglichen „weiten“ Verständnis der *ganzen (bewohnten) Welt* meint. Im Hebräerbrief (2,5) wird von einer „zukünftigen Welt“ (= „Ökumene“) gesprochen. Es wird deutlich, dass Gott Einheit und Gemeinschaft mit der gesamten Schöpfung will. Dieser Wille Gottes kann und darf nicht auf die Kirche beschränkt werden. Gott will das Heil für alle Geschöpfe. Mit diesem umfassenden „Plan“ hat er bereits in der Kirche begonnen. Die von Gott gewollte „Ökumene“ zeigt sich in der Kirche aber nur wie ein erstes „Bruchstück“. Erst wenn Gott alle

Geschöpfe zu bleibender Harmonie mit sich und untereinander führt, ist die „Ökumene“ vollkommen. Diese letzte Einheit und Gemeinschaft der Schöpfung mit Gott ist jedoch noch keine sichtbare Realität. Sie soll und darf aber im christlichen Glauben erhofft werden. Weil diese Realität von Gott für die Zukunft der „bewohnten Welt“ erwartet wird, nennt die christliche Kirche diese Wirklichkeit „eschatologisch“. (Die Eschatologie ist die christliche Lehre von dem von Gott gesetzten Ende der Welt.)

Wie kam es aber dazu, dass der Begriff „Ökumene“ bzw. →*„Ökumenismus“* für eine Bewegung von Christen im 20. Jahrhundert verwendet wurde, die die *verlorengegangene Einheit der christlichen Kirche wiederherzustellen* versuch(t)en?

Schon früh hat man Zusammenkünfte von Amtsträgern der Kirche *(Synoden, →Konzile)* dann als „ökumenisch“ bezeichnet, wenn sie für alle Christen gültige Lehren verkündeten. „Ökumenisch“ ist eine Lehre der Kirche dann, wenn sie als von allen (allgemein) anerkannter Grundsatz gilt. So wurde später u. a. auch das nizäno-konstantinopolitanische Glaubensbekenntnis (381 n. Chr.) als „ökumenisch“ bezeichnet. Dies erklärt auch, warum N. Söderblom, der evangelische Erzbischof von Uppsala in Schweden, 1919 „ökumenisch“ zum ersten Mal für die *Versöhnung und Überwindung des zwischen den christlichen Kirchen Trennenden* gebrauchte, weil die von Gott gewollte Kirche doch grundlegend *eine* ist und sein soll. Muss dann nicht das allen Christen Gemeinsame gesucht werden, statt das Trennende zu betonen? „Ökumene“ wird damit zu einer wichtigen Aufgabe, das Gemeinsame aller Christen und Kirchen zu suchen und auszudrücken.

Daraus ergibt sich eine große Bedeutungsvielfalt von „Ökumene“, die sich in der Geschichte dieses Begriffes niederschlagen hat: So kann mit „Ökumene“ das Kirchliche, das Missionarische, das allgemein kirchlich Gültige, das allen Christen Gemeinsame und Einende, die Beziehungen und Gespräche der christlichen Konfessionen untereinander, das Weltweite und das Zukünftige gemeint sein. Im Folgenden soll jedoch vorwiegend die Suche der Christen untereinander nach kirchlicher Einheit betrachtet werden. Die anderen Aspekte werden dabei aber ebenfalls berücksichtigt.

Inhaltliche Bestimmung von „engerer" und „weiterer" Ökumene

Die christliche Theologie hält zwar an der klassischen Bedeutung des Begriffes „Ökumene" im Sinne der Suche nach einer kirchlichen Einheit der Christen fest. Jedoch können die Kirche und die Theologie von der zunehmenden öffentlichen Bedeutungsverschiebung des Begriffes „Ökumene" auf das Gespräch der Weltreligionen nicht ganz unberührt bleiben. Im ursprünglichen Begriff „Ökumene" selbst ist sogar das „Potential" für mehr als nur die Suche nach der Einheit der christlichen Kirchen enthalten. Wie wir bereits sahen, meint „Ökumene" von seiner Wortherkunft die „(ganze) bewohnte Erde". Zu dieser Gesamtheit gehören aber nicht nur die Christen, sondern die ganze Menschheit und die Schöpfung. So sehr also die „klassische" (christliche) Rede von Ökumene auf die Suche und das Bemühen verweist, die Christenheit zu einen, so sehr ist dieser Begriff von seinem Ursprung her offen für ein erweitertes Verständnis, das die ganze „bewohnte Erde" als Schöpfung Gottes in den Blick nimmt. Die christliche Ökumene darf sich zwar als entscheidender Teil dieser umfassenderen Ökumene verstehen, weil Gott die Menschen in Jesus Christus zur Gemeinschaft mit sich ruft, doch will Gott darüber hinaus die endgültige Gemeinschaft mit der ganzen bewohnten Welt.

Was heißt das nun heute für den Begriff „Ökumene"? Dieser Begriff sollte nicht nur aus traditionellen Gründen in seinem „engeren" Sinne, d. h. zuerst für den Dialog der christlichen Konfessionen um Einheit, verwendet werden. Der Grund liegt darin, dass Gott diejenige Einheit und Gemeinschaft, die er mit der ganzen Schöpfung eingehen will, mit den Christusgläubigen bereits anfänglich begonnen hat. Deshalb sollte auch deutlich zwischen einem Dialog der christlichen Konfessionen untereinander und einem Gespräch zwischen den Weltreligionen unterschieden werden.

Anstößig und sogar widersprüchlich ist allerdings, dass gerade dort, wo Gott bereits dabei ist, diese Einheit zu verwirklichen – nämlich unter den Christen –, zahlreiche Trennungen und damit keine Einheit und Gemeinschaft herrschen. Folglich muss es die Aufgabe einer christlich-theologischen „Ökumene" sein, diese Trennungen in Form von Gebet, gelebtem Miteinander und theologischem Dialog zu überwinden. Nur dann kann der Welt glaubhaft gemacht werden, dass Gott Einheit und Gemeinschaft mit allen Kreaturen will (Ökumene im „weiteren" Sinne). Die in der christlichen Ökumene angestrebte gemeinsame Weltgestaltung durch alle Christen und ihre Kirchen versucht diesem Ziel zu dienen. Man nennt die gemeinsame christliche Weltgestaltung auch →*Säkularökumenismus*, weil die christliche Ökumene immer auch die weitere Ökumene, d. h. das Wohlergehen der ganzen „säkularen" (= weltlichen) Schöpfung im Blick haben muss.

Da Menschen anderer Religionen ebenfalls bereit sind oder sich sogar verpflichtet fühlen, die Welt zum Wohle aller zu gestalten, sind Gespräche mit ihnen über die jeweils eigenen Motivationen sowie gemeinsame Aktionen im Dienst an der Schöpfung unerlässlich. Häufig können Christen von Menschen anderer Religionen oder Überzeugungen etwas lernen, was bislang durch die eigene christliche Tradition noch nicht oder nur bruchstückhaft erkannt wurde, sowie umgekehrt diese von Christen lernen können.

Christliche Theologie wird sich immer mehr bewusst, dass Gottes Handeln, das Gemeinschaft und Einheit bewirkt

(*Heilshandeln* genannt), auch außerhalb des ausdrücklichen Glaubens an Jesus Christus geschieht, d. h. im Verborgenen in der Welt zu finden ist. Die anderen Religionen, wie der Islam oder der Hinduismus, können hierfür Zeugen sein: Gott vermag auf verschiedene Weise sein Heil für die Welt zu wirken, aber er tut dies – davon ist die christliche Theologie ebenso überzeugt – nie ohne oder unabhängig von Jesus Christus. Um es mit einem Bild auszudrücken: Gott kann auch auf für uns scheinbar „krummen" Wegen „gerade" gehen. Er kann und will also Menschen zum Heil durch und in Jesus Christus führen, die andere Wege als den ausdrücklichen Weg Jesu Christi eingeschlagen haben, indem er sie auf diesen anderen Wegen im Verborgenen trägt und leitet und sie dorthin „geradeaus mitnimmt", wo die von Jesus Christus für die gesamte Schöpfung erwirkte bleibende Gemeinschaft mit Gott wartet.

Christliche Ökumene darf daher nicht gegen eine weitergefasste „Ökumene", die die ganze Welt in den Blick nimmt, ausgespielt werden und umgekehrt. Die Beschäftigung mit beidem ist für den überzeugten Christen notwendig. Die Suche nach einer Einheit der Christen, die nicht zugleich auch die gesamte Schöpfung und damit auch alle anderen Menschen im Blick hat, wird unglaubwürdig und verliert ihre Bedeutung.

Der zusammen mit Menschen anderer Überzeugung tätige Einsatz für die ganze Schöpfung wird aber blind und farblos, wenn er nicht von christlicher Seite dauerhaft von einer gemeinsamen christlichen Motivation und einem gemeinsamen christlichen Gottes-, Menschen- und Weltverständnis getragen ist.

Nur wenn Christen in der Lage sind, ein gemeinsames Zeugnis ihrer Heilsbotschaft in Lehre und Praxis vor der Welt zu geben, können sie glaubwürdige Zeugen ihrer Hoffnung für die ganze Welt sein. Ökumene im engeren Sinn hat deshalb gerade die notwendige Aufgabe, sich eines solchen, allen christlichen Kirchen gemeinsamen Gottes-, Menschen-

und Weltverständnisses zu vergewissern. Erst auf einer derartigen gemeinsamen Grundlage können die christlichen Kirchen zusammenfinden und sich mit Anhängern anderer Religionen und Weltanschauungen überzeugend für die Schöpfung einsetzen, weil sie dann in der Lage sind, ein gemeinsames christliches Zeugnis von der Hoffnung für die ganze Welt zu geben.

Deshalb hat die Einigung unter den Christen Vorrang gegenüber einer umfassenden Suche nach Einheit und Gemeinschaft der gesamten Schöpfung mit Gott, ohne dass man warten müsste, bis die Christen untereinander einig geworden sind. Entsprechend der Aufforderung „das eine tun und das andere nicht lassen" sind beide als dringliche Aufgaben der Christen zu verstehen. Vordringlicher ist aber die Einigung unter den Christen gerade wegen der Glaubwürdigkeit ihrer an die Welt gerichteten Botschaft von der Einheit und Gemeinschaft Gottes mit seiner Schöpfung, die in der Kirche bereits sichtbar zu wirken begonnen hat.

Ökumene der Konfessionen

Im Fortgang des Buches werden wir die „weitere" Ökumene im Blick behalten, doch soll unser Augenmerk nun hauptsächlich auf die Ökumene im engeren, klassisch-christlichen Sinne gelegt werden.

Die meisten Kirchen und kirchlichen Gemeinschaften[1] haben neben der Heiligen Schrift (Bibel) das sogenannte nizäno-konstantinopolitanische Glaubensbekenntnis (381 n. Chr.) als gemeinsame Glaubensgrundlage (vgl. S. 15).

Die gemeinsame Bekenntnisformel hat jedoch nicht verhindern können, dass es innerhalb des Christentums zu größeren Spaltungen kam. Diese Spaltungen lassen sich auf theologische wie auf nichttheologische Gründe zurückführen. Die Einheit der westlichen Christenheit zerbrach an

Topos plus

Ja, senden Sie mir regelmäßig Informationen über das Programm von Topos plus zu:

Name, Vorname

Straße

PLZ / Wohnort

Antwort

Verlagsgemeinschaft
Topos plus
Hoogeweg 71
D-47623 Kevelaer

„Wir glauben an den einen Gott, den Vater, den Allmächtigen, der alles geschaffen hat, Himmel und Erde, die sichtbare und die unsichtbare Welt. Und an den einen Herrn Jesus Christus, Gottes eingeborenen Sohn, aus dem Vater geboren vor aller Zeit: Gott von Gott, Licht vom Licht, wahrer Gott vom wahren Gott, gezeugt, nicht geschaffen, eines Wesens mit dem Vater; durch ihn ist alles geschaffen. Für uns Menschen und zu unserem Heil ist er vom Himmel gekommen, hat Fleisch angenommen durch den Heiligen Geist von der Jungfrau Maria und ist Mensch geworden. Er wurde für uns gekreuzigt unter Pontius Pilatus, hat gelitten und ist begraben worden, ist am dritten Tage auferstanden nach der Schrift und aufgefahren in den Himmel. Er sitzt zur Rechten des Vaters und wird wiederkommen in Herrlichkeit, zu richten die Lebenden und die Toten; seiner Herrschaft wird kein Ende sein. Wir glauben an den Heiligen Geist, der Herr ist und lebendig macht, der aus dem Vater und dem Sohn hervorgeht, der mit dem Vater und dem Sohn angebetet und verherrlicht wird, der gesprochen hat durch die Propheten, und die eine, heilige, katholische[2] und apostolische Kirche. Wir bekennen die eine Taufe zur Vergebung der Sünden. Wir erwarten die Auferstehung der Toten und das Leben der kommenden Welt. Amen."

Das nizäno-konstantinopolitanische Glaubensbekenntnis

der theologischen Frage nach dem genauen Verhältnis von Gott, Mensch und Kirche. Die Auseinanderentwicklung von West- und Ostkirche lag dagegen vor allem an unterschiedlichen Denk- und Formulierungsweisen des einen Glaubens sowie an kulturellen und politischen Differenzen (vgl. unter 3.1).

Die verschiedenen christlichen Kirchen und Gemeinschaften, die aus den Spaltungen hervorgingen bzw. von ihnen betroffen waren (vgl. Abb. S. 17), konnten im Laufe der Zeit immer klarer als →*Konfessionen* [von lat. „*confessio*"; dt. „Bekenntnis"] erkannt und unterschieden werden. Damit ist gemeint, dass sie jeweils unterschiedliche Bekenntnisse geschaffen haben, die die Heilige Schrift und das altkirchliche Glaubensbekenntnis in der jeweiligen Zeit konkret zum Ausdruck bringen und erläutern wollen. Auch wenn solche Texte nicht auf derselben Stufe stehen wie die Heilige Schrift und das Glaubensbekenntnis, so haben sie die jeweilige Kirche, ihre Lehre und Praxis bis heute entscheidend geprägt. Konfessionsspezifische Lehren und Praktiken stiften gemeinsame kirchliche Identität (engl. „corporate identity"). Deswegen kann es keine Ökumene und keine christliche Einheit geben, die auf das jeweils Konfessionelle verzichten könnte. Es ist allerdings ebenso deutlich zu sagen, dass alle christlichen Konfessionen aufeinander zuzugehen haben, um der erstrebten Einheit der Christen näher zu kommen. Denn die spezifischen Bekenntnisse müssen auf ihre gemeinsamen Wurzeln hin verdeutlicht werden (vgl. erneut Abb. S. 17).

In diesem Buch wird es folglich keine methodische Zweiteilung in eine Art →„*Konfessionskunde*" (sachliche Darstellung der einzelnen Konfessionen) und einer etwaigen „*überkonfessionellen*" *Ökumene* geben. Vielmehr soll eine Ökumene der Konfessionen vorgestellt werden. Das bedeutet, dass sich die konfessionellen Eigenarten der verschiedenen christlichen Kirchen und kirchlichen Gemeinschaften wie ein roter Faden durch alle Kapitel des Buches ziehen werden. An dieser Stelle soll lediglich eine kurze Beschreibung die verschiedenen Konfessionen vorstellen:

Katholische Kirche(n)

Ca. 1,1 Milliarden Gläubige; weltweite Verbreitung; Selbstbezeichnung derjenigen Kirchen, die sich als sichtbar-kontinuierliche Fortsetzung der Kirche der Apostel verstehen (*römisch-katholische Kirche*; →*altkatholische Kirchen*);

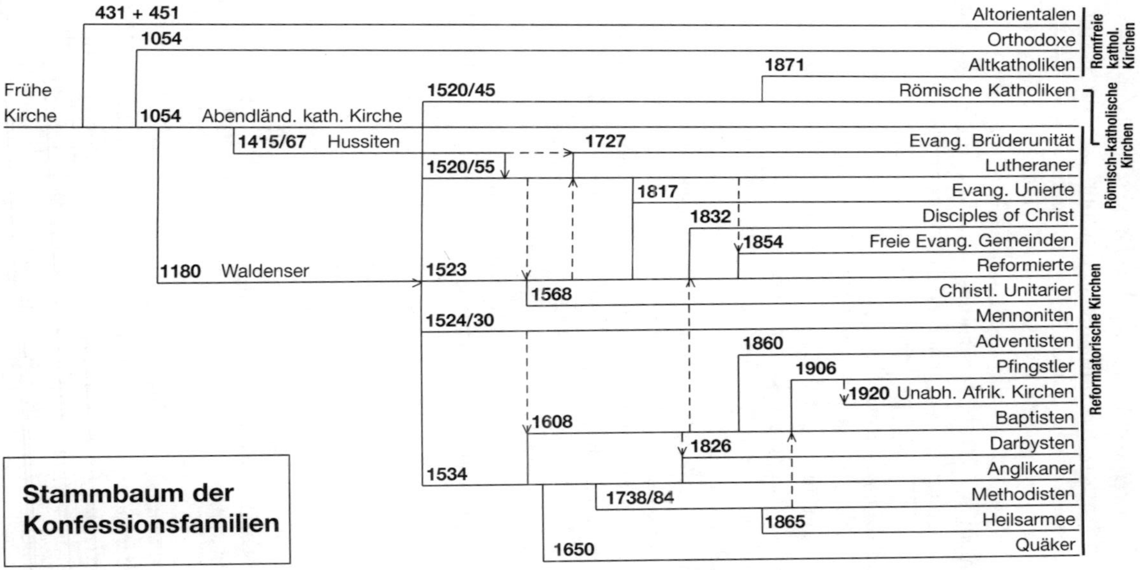

Übersicht über die Entstehung der verschiedenen christlichen Konfessionen. Quelle: Grundkurs Ökumene. Ökumenische Entwicklung – Brennpunkte – Praxis, Bd. 2: Materialien für eine Seminarreihe, Kevelaer 1998, S.74

bischöflich verfasst; berufen sich auf die Heilige Schrift und die sich fortsetzende mündliche Tradition der Kirche; die römisch-katholische Kirche versteht den Bischof von Rom als Inhaber eines universalkirchlichen Lehr- und Rechtsprimats (→*Primat*); die katholischen Kirchen haben ein sakramentales Grundverständnis von Kirche als Zeichen und Werkzeug des göttlichen Heils (→*Sakrament*).

Orthodoxe und Altorientalische Kirchen

a) *Orthodoxe Kirchen*: ca. 150 Mio. Gläubige; vorwiegende Verbreitung in Mittel-, Südost- und Osteuropa, den GUS-Staaten sowie (durch Auswanderung) in Nordamerika und Australien; selbständige östliche Kirchen, die in Kirchengemeinschaft mit dem ökumenischen Patriarchen von Konstantinopel stehen; bischöflich verfasst; besonders alte unter ihnen haben einen Patriarchen an der Spitze; die Bischöfe leiten die Bistümer und kommen in Synoden (→*Konzil*) zusammen; Ablehnung eines universalen Lehr- und Rechtsprimats des Bischofs von Rom; Heilige Schrift, (östliche) Kirchenväter und Entscheidungen der ersten sieben allgemeinen Konzile als Grundlagen orthodoxer Lehre.

b) *Altorientalische (Vorchalkedonensische) Kirchen*: ca. 50 Mio. Gläubige; Hauptverbreitungsgebiet: Ägypten, Indien, Irak, Libanon, Syrien, Türkei, durch Auswanderung auch in westlichen Ländern; bischöflich verfasste Kirchen, die aus verschiedenen Gründen die Entscheidung über die zwei Naturen Christi des Konzils von Chalkedon (451 n. Chr.) nicht mitgetragen haben und seit dem nicht mehr in voller Kirchengemeinschaft mit den chalkedonensischen Kirchen stehen.

Kirchen und kirchliche Gemeinschaften, die aus der Reformation hervorgingen oder mit ihnen verwandt sind

a) *Anglikanische Kirchen*: ca. 75 Mio. Gläubige; Hauptverbreitungsgebiet: englischsprachige Länder; selbständige bischöflich verfasste Kirchen, die aus der englischen Reformation unmittelbar oder mittelbar hervorgegangen sind und in voller Kirchengemeinschaft mit ihrem Ehrenprimas, dem Erzbischof von Canterbury, stehen; sehen sich in Kontinuität zur vorreformatorischen katholischen Kirche und zugleich als Schwesterkirchen der kontinentalen reformatorischen Kirchen; das kirchliche Leben ist durch verschiedene theologische Strömungen gekennzeichnet.

b) *Lutherische Kirchen*: ca. 62 Mio. Gläubige; aus der Reformation Martin Luthers hervorgegangene unterschiedlich verfasste Kirchen, die als einzige Lehrgrundlage die Heilige Schrift anerkennen und ein gemeinsames Bekenntnis in der →*Confessio Augustana* haben; theologisch zentral ist die Lehre von der →*Rechtfertigung*.

c) *Reformierte Kirchen*: ca. 76 Mio. Gläubige; aus der Reformation Johannes Calvins und Huldrich Zwinglis u. a. hervorgegangene synodal-presbyterial (→*Presbyter*) oder in Form von Einzelgemeinden verfasste Kirchen, die zum Teil unterschiedliche Bekenntnisse aufweisen; theologisch zentral ist die Lehre vom Bund Gottes (mit der Schöpfung, den Menschen).

d) *Unierte/Vereinigte Kirchen*: aus Lutheranern, Reformierten oder auch zum Teil aus Anglikanern und einzelnen Freikirchen hervorgegangene Kirchen, die entweder aus staatlicher Initiative (Preußen; 19. Jahrhundert) oder später aus ökumenischem Anliegen entstanden sind.

e) *Freikirchen* (einschließlich Pfingstler): nach Schätzungen ca. 400 Mio. Anhänger; weltweite Verbreitung; zumeist aus den traditionellen Reformationskirchen hervorgegangene staatlich und institutionell unabhängige christliche Ortsgemeinden, deren Mitgliedschaft von der persönlichen, bewussten und freiwilligen Entscheidung für den Glauben an Jesus Christus abhängt und die sich zu einem entschiedenen Christsein verpflichtet haben:

1. *Mennoniten* (ca. 1 Mio.): Aus der Täuferbewegung des 16. Jahrhunderts hervorgegangene und nach dem ehemaligen katholischen Priester und späteren Täufer Menno

Simons (1496–1561) benannte unabhängige christliche Gemeinden, die ausschließlich die Erwachsenentaufe praktizieren und die Nachfolge Jesu im Sinne der Bergpredigt hervorheben.

2. *Baptisten* (ca. 40 Mio. getaufte Mitglieder; Gesamtanhängerschaft weitaus größer): Aus den englischen → *Puritanern* hervorgegangene unabhängige christliche Gemeinden, die die Taufe von Säuglingen ablehnen und ausschließlich die Taufe von Erwachsenen praktizieren, die zum Glauben gekommen sind; Betonung von Bekehrung, Wiedergeburt und Nachfolge.

3. *Methodisten* (ca. 30 Mio. Kirchenglieder; über 60 Mio. Kirchenangehörige): Nach den anglikanischen Geistlichen und Brüdern John (1703–91) und Charles (1707–88) Wesley benannte Gemeinden, die die theologischen Grundanliegen der Reformation (Heilige Schrift als alleinige Lehrgrundlage; Rechtfertigungslehre) mit denen des →*Pietismus* (Bekehrung, Wiedergeburt, Heilserfahrung) zu verbinden suchen.

4. *Freie evangelische Gemeinden* (ca. 1 Mio. Mitglieder): Aus der Erweckungsbewegung des 19. Jahrhunderts entstandene unabhängige christliche Gemeinden aus pietistisch bekehrten Gläubigen; ausschließliche Praxis der Taufe von bekehrten Erwachsenen.

5. *Evangelische Brüder-Unität – Herrnhuter Brüdergemeine* (ca. 600 000 Mitglieder): Als Nachfolgerin der Mitte des 17. Jahrhunderts fast ausgestorbenen vorreformatorischen hussitischen „Brüder“ (in Böhmen, Mähren und Polen) vom pietistisch geprägten lutherischen Reichsgrafen Nikolaus Ludwig von Zinzendorf (1700–1760) neu belebter Zusammenschluss von „Brüdern“; Betonung persönlicher Heilsgewissheit, die zu tätiger Liebe, Hilfsbereitschaft und einfachem Lebensstil verpflichtet.

6. *Pfingstler* (nach Schätzungen einige 100 Mio.): Sammelbegriff für zahlreiche unterschiedliche perfektionistisch-enthusiastische Gemeinschaften; ursprünglich aus der Heili-

gungs- und Erweckungsbewegung zu Beginn des 20. Jahrhunderts hervorgegangen; von der klassischen Pfingstbewegung und der →*charismatischen Bewegung* sind die Neupfingstler (Neopentekostalen) zu unterscheiden, die keiner klassischen Konfession angehören und katholische, verschiedene kulturelle und fremdreligiöse Elemente mit dem pfingstlerischen Anliegen, der Taufe mit dem Heiligen Geist, verbinden; die Pfingstler sind sehr stark an Jesus orientiert; die Lehre vom dreifaltigen Gott tritt in den Hintergrund; die neutestamentliche Zungenrede und Krankenheilung werden praktiziert.

7. *Quäker* (ca. 222 000 Mitglieder): vor dem Hintergrund der Auseinandersetzungen zwischen Anglikanern, Katholiken und →*Puritanern* im 17. Jahrhundert von George Fox (1624–1691) gegründete Bewegung, die der eigentlichen Nachfolge Christi den Vorrang vor der Verteidigung von Glaubenspositionen einräumt; folgt der von Fox „unter Zittern“ (engl. „to quake“) gewonnenen Überzeugung, dass jeder Mensch einen Funken Gottes in sich trägt, der ihn als „inneres Licht“ zur Erkenntnis des Heils führen kann; keine festgeschriebenen theologischen Inhalte und eine nur minimale Organisation.

8. *Heilsarmee* (ca. 3 Mio. Mitglieder): vom methodistischen Prediger William Booth (1829–1912) gegründete, nach militärischem Vorbild organisierte missionarisch-diakonische Bewegung, die ihren Einsatz für das Seelenheil der Menschen mit sozialem Engagement zu verbinden sucht; theologisch entstammt sie der methodistischen Tradition und hebt sowohl die Rechtfertigung des Sünders durch Gott im Sinne der Bekehrung als auch seine Heiligung und Verpflichtung zu tätiger Liebe hervor.

Ökumene als Konsens

Eine entscheidende Quelle, aus der wir erfahren können, wie es mit der weltweiten christlichen Ökumene der Konfessionen steht, sind die Verlautbarungen des Ökumenischen Rates der Kirchen (ÖRK). Diese Verlautbarungen äußern sich zu →*kontroverstheologischen Fragen*, d. h. zu zwischenkirchlich umstrittenen Problemen, wie z. B. zur Abendmahls- und Eucharistiefrage, aber auch zu weltweiten sozial-politischen und wirtschaftlichen Herausforderungen aus einer gemeinsamen christlichen Perspektive, wie z. B. die wirtschaftliche Ungleichheit zwischen reichen und armen Staaten.

Die Suche nach einer gemeinsamen christlichen Antwort auf die weltweiten Sorgen und Nöte der Menschen, wie sie der ÖRK unternimmt, kann nur auf der Grundlage des Glaubens an Jesus Christus geschehen. Dieser Glaube wird allerdings in verschiedenen Konfessionen unterschiedlich verstanden. Daher ist gerade für eine gemeinsame christliche Praxis das gemeinsame Nachdenken über den christlichen Glauben als Voraussetzung wichtig und unerlässlich.

Ein derartiges Nachdenken kann die ökumenischen Partner zu verschiedenen Formen der Übereinstimmung führen:

1. Ein *Konsens* (→*Konsens*, →*Konsensökumene*) meint die so weitreichende Übereinstimmung in einem Punkt, dass er nicht mehr kirchentrennend ist. Ein inhaltlicher Konsens, d. h. eine Übereinstimmung in einer vorher strittigen Sache, lässt jedoch auch weiterhin Unterschiede im Einzelnen zu. Konsens bedeutet nicht eine Deckungsgleichheit in Formulierungen. Ökumenisch kann und darf auch nicht gefordert werden, dass alle geglaubten Inhalte einer Kirche mit denen einer anderen völlig übereinstimmen müssen. Unterschiede zwischen den Kirchen bleiben sowohl in den jeweiligen Formulierungen einer Glaubenslehre als auch in bestimmten Ausfaltungen und Präzisierungen einer Sache. Wenn ein zu suchender Konsens für die Ökumene wirklich etwas „brin-

gen“ soll, dann kann er sich nur auf den grundlegenden, d. h. entscheidenden Inhalt einer Sache beziehen (*Grundkonsens*).

2. Unter →*Konvergenz* versteht man den Fall, dass sich die unterschiedlichen Überzeugungen aufeinander zu bewegen, ohne dass eine volle inhaltliche Übereinstimmung erzielt ist. Die Kommission für Glauben und Kirchenverfassung des ÖRK hatte sich dies bei den Fragen von Taufe, Eucharistie (Abendmahl) und Amt vorgenommen. Als Ergebnis kam 1982 eine *Konvergenzerklärung* (die so genannte „Lima-Erklärung“) zu diesen drei Fragekomplexen zustande.

3. Von *differenziertem Konsens* spricht man, wenn über eine bisher strittige Frage gemeinsame Grundaussagen gemacht werden können, obschon Unterschiede in den jeweiligen Ausprägungen dieser Lehre und in einzelnen untergeordneten Fragen sowie in den jeweiligen konfessionellen Formulierungen bestehen bleiben.

Zum ersten Mal im katholisch/reformatorischen Dialog wurde ein solcher „differenzierter Konsens“ im Zusammenhang mit der →*Rechtfertigungslehre* angewendet und von den Leitungen zweier christlicher Kirchen akzeptiert. Die 1999 von der Römisch-Katholischen Kirche und dem Lutherischen Weltbund in Augsburg unterzeichnete „Gemeinsame Erklärung zur Rechtfertigungslehre“ ist Beispiel eines solchen „differenzierten Konsenses“ (vgl. Abb. S. 24).

Im Mittelpunkt der Erklärung stehen gemeinsame Aussagen von Lutheranern und Katholiken über Grundwahrheiten der Rechtfertigungslehre, wobei jede Seite zugleich ihre eigenen Ausformungen dieser Grundwahrheiten vornimmt. In der ökumenischen Theologie nennt man solche Ausformungen im Glauben einer bestimmten Kirche *konfessionsspezifische Lehren*, weil sie nur für die jeweilige Konfession gelten.

Die Theologen, die an den ökumenischen Gesprächen zwischen den Kirchen beteiligt sind, müssen allerdings

Händedruck von Kardinal Cassidy und Bischof Krause nach Unterzeichnung der „Gemeinsamen Erklärung“, Augsburg, 31. 10. 1999. Quelle: KNA-Bild

darauf achten, dass solche konfessionsspezifischen Lehren kein größeres Gewicht für den ökumenischen Dialog bekommen als mögliche gemeinsame Aussagen. Dann könnte es passieren, dass plötzlich ein vorgeblicher *Grunddissens* (→*Konsens*) auftaucht, d. h. eine grundlegende Meinungsverschiedenheit zwischen den Kirchen, die nicht mehr oder nur sehr schwer überbrückt werden könnte: Die eine Seite könnte eine konfessionsspezifische Lehre der anderen nicht als ein gemeinsames Fundament akzeptieren, sondern müsste ihr notgedrungen widersprechen.

Das Ziel der christlichen Ökumene kann deshalb nicht eine einheitliche Kirche sein, in der eine Konfession ihre Eigenarten den anderen aufzwänge oder in der die vorher getrennten Konfessionen mit ihren jeweiligen Eigenarten insgesamt nicht mehr erkennbar wären, d. h. sich einfach auflösten, und dann eine Art gleichförmiger „Superkirche“ bildeten. Vielmehr ist zu erwarten, dass die Kirchen bzw.

Konfessionen in ihrer jeweiligen Eigenart in einer geeinten Kirche bestehen bleiben. Daher hat man in der ökumenischen Theologie die Zielvorstellung einer Gemeinschaft von verschiedenen Kirchen entwickelt.

Damit ändert sich der Begriff „Einheit". Er steht nicht für ökumenische Einheitlichkeit, sondern für eine „*Einheit in* →*versöhnter Verschiedenheit*" bzw. „*Vielfalt*". Eine solche „versöhnte Verschiedenheit" versucht die geschichtlichen und gegenwärtigen Besonderheiten einer jeden Kirche ernst zu nehmen und zugleich das Trennende zu überwinden, um dem Gebot Jesu Christi, „sie sollen eins seien" (Joh 17,22), entsprechen zu können.

Darüber hinaus zeigt gerade die große Vielfalt in der Theologie, der Gottesdienstordnung und der Frömmigkeit der Kirchen und kirchlichen Gemeinschaften, dass Gottes Heilswirken durch Jesus Christus auf vielerlei Weise geschieht und nicht nur von einer einzigen Kirche angemessen ausgedrückt werden kann. Sie bedürfen daher einander und nur zusammen können sie diese „Einheit in versöhnter Verschiedenheit" in Form einer Kirchengemeinschaft bilden.

Die Schwierigkeit (in) der heutigen ökumenischen Theologie besteht aber genau darin, dass man sich nicht einig ist, wie eine solche Kirchengemeinschaft auszusehen hat. So ist bei konkreten Hindernissen immer wieder neu die Frage zu stellen, welche Verschiedenheiten die Kirchen (noch) voneinander trennen und welche in einer zukünftigen Kirchengemeinschaft bleiben dürfen und sogar sollen. Dieser Frage wollen wir uns in den folgenden Kapiteln zuwenden, doch zuvor soll das biblische Zeugnis der Einheit zu Wort kommen.

2. Biblisches Zeugnis

Einheit im Alten Testament

Für das Alte Testament spielt der Einheitsbegriff im strengen Sinne des Wortes keine besondere Rolle. Vielmehr geht es darum, wie das Volk Israel, wie es seine Identität und sein besonderes Verhältnis zu Gott durch die Geschichte hindurch bewahrt. Wenn man in diesem Zusammenhang dennoch von „Einheit" sprechen möchte, dann geht es bei Israel um Einheit als bleibende Identität in der Treue zu Jahwe.

Die alttestamentliche Bibelwissenschaft zeigt, dass der letzte Grund einer solchen Einheit in der besonderen Bundestreue Gottes zu Israel liegt. Dieses Volk weiß sich auf ganz spezifische Weise mit Gott verbunden, der in Form von Verheißungen (Gen 12,2; 18,18; 26,4 f.; 46,3) – angefangen von Abrahams Berufung bis zum Israel der zwölf Stämme – die Geschichte und Geschicke dieses Volkes lenkt und leitet. Solche Verheißungen betreffen sowohl eine zahlreiche Nachkommenschaft als auch wirtschaftliches und geistliches Wohlergehen.

Die Zusage vielfältigen Segens wird von Israel als besonderer Schutz und trostreiche Hilfe in Zeiten der Bedrängnis, Unterdrückung und Not verstanden. So werden diese Verheißungen zum entscheidenden Merkmal, ja sogar zur wichtigsten Grundlage einer engen Gemeinschaft der Not und des Gebetes (z. B. Ex 3,7–8.9).

Mehrere Propheten kritisieren allerdings die von Israel selbst verschuldeten Krisen und Notsituationen als Abkehr von Jahwe und damit als Bruch der Treue gegenüber Gott. Daher rufen sie das Volk zu Umkehr und erneutem Gehorsam auf. So wie Gott seinen Verheißungen gegenüber Israel treu bleibt, so soll auch Israel Jahwe treu bleiben. Ebenso warnen die Propheten: Wenn dieses Volk nicht bereit ist, die Verpflichtungen, die es mit dem Bundesschluss eingegangen ist, zu erfüllen, dann wird Gott ein Säuberungs- und Strafgericht abhalten. Diesem Gericht werden diejenigen nicht entkommen können, die die Weisungen missachten, an Jahwe allein zu glauben und nach Recht und Gerechtigkeit zu handeln.

Die bis dahin geltende, beinahe selbstverständliche Vorstellung von einer Auserwählung Israels durch Gott gerät durch die Abkehr weiter Teile dieses Volkes von Glaube und Gerechtigkeit ins Wanken. So betont der Prophet Amos die Gleichstellung Israels mit den anderen Völkern, was die Führung durch Gott angeht (9,7). Allein ein „Rest“ aus Israel kann die verheißene Rettung im Gericht erwarten (Am 5,15; vgl. 9,8). Damit wird nun eine bleibende Unterscheidung *innerhalb* Israels zwischen denen, die ein richtiges Gottesverhältnis haben, und denen, die in ihrer Gottlosigkeit Unrecht tun, eingeführt. Die göttlichen Verheißungen sind nur an diesen gläubigen „Rest“ des „Hauses Jakob“ (Jes 46,3; vgl. 10,20) durch die Geschichte hindurch gerichtet. Folglich zählt nicht mehr (allein) die Abstammung als Maßstab für die Zugehörigkeit zu Israel, sondern rechtes Tun vor Gott.

Dies bedeutet aber auch, dass Israel seine geschichtliche Identität (Einheit) bewahren kann, weil nun der „heilige Rest“ das wahre Israel darstellt, dessen Existenz als Volk in der Bundestreue zu Jahwe trotz Schäden und Abspaltungen erhalten bleibt.

Von besonderer Bedrohung für die Unversehrtheit der Identität des Volkes Israel waren die Teilung in einen Nord- und einen Südstaat und noch weitaus gravierender das lange babylonische Exil (8.–6. Jahrhundert v. Chr.). Die Propheten forderten in dieser exilischen Zeit die versprengten Gemeinden auf, das Gesetz des Mose als wesentliches, beinah absolutes Unterscheidungsmerkmal zu den anderen Völkern sowohl mit seinen sozialen (Hilfsbereitschaft gegenüber Schwachen und Fremden!) als auch kultischen Vorschriften zu beachten. Darüber hinaus entwickeln sie die Vision von

„ganz Israel“ als der Neu- und Wiedererrichtung des alten Zwölf-Stämme-Volkes als Ziel allen gemeinsamen und individuellen Tuns in der Geschichte Israels.

Mehrere Propheten erblicken allerdings nicht nur eine Sammlung „ganz Israels“ am Ende der Geschichte, sondern auch ein Zusammenkommen aller Völker in Form einer „Völkerwallfahrt“ zum Berg Zion, um den einen Gott endgültig zu verehren (Jes 2,2–4; Mi 4,1–5). Der Jahweglaube wird also alle Völker untereinander und mit Israel einen! Eine solche schrankenlose Rettung aller Völker durch den Gott Israels ist bereits beim Propheten Micha angedeutet, der das richtige Gottesverhältnis zum entscheidenden Thema nicht nur Israels, sondern des Menschen allgemein macht: *„Es ist dir gesagt, Mensch, was gut ist und was der Herr von dir fordert, nämlich Gottes Wort und Liebe üben und demütig sein vor deinem Gott“* (Mi 6,8).

Einheit im Neuen Testament

Die christlichen Kirchen und kirchlichen Gemeinschaften berufen sich in ihrem Einheits- und Kirchenverständnis auf das Neue Testament. Es bildet folglich den Ausgangspunkt und die bleibende Grundlage bei der Suche nach der Einheit der Christen.

Allerdings ist der Spielraum bei der Interpretation des Neuen Testaments mit Blick auf die Einheit der Glaubenden recht groß, da das Neue Testament aus unterschiedlichen theologischen Zeugnissen besteht, die sich in sehr spannungsreicher Weise zum Thema der Einheit äußern. Es können dennoch einige entscheidende Aussagen aus dem NT zur Einheit der Kirche bzw. des Volkes Gottes „herausgefiltert“ werden, auch wenn der Begriff „Einheit der Kirche“ nicht selbst dem NT entstammt.

Zahlreiche Bilder und Bezeichnungen spiegeln eine große Vielfalt an Ausdrucksweisen für die Kirche und ihre Einheit im NT wider. So werden die Christusgläubigen als „Bau“ oder „Haus“ bezeichnet, dessen Fundament der Eckstein Jesus Christus ist und damit das ganze Haus bzw. den gesamten Bau trägt und zusammenhält (1 Kor 3,10–15; 1 Petr 2,1–10). An anderen Stellen wird die Kirche als „Tempel“ des Geistes Gottes beschrieben (1 Kor 3,16), häufiger jedoch als Leib (Christi) im Sinne einer organischen Einheit von Gliedern, deren Haupt Jesus Christus ist (1 Kor 12,12 ff; Kol 1,18; 3,15). Eng mit dem Zustandekommen und der Auferbauung des Leibes der Kirche sind Taufe (1 Kor 12) und Eucharistie (1 Kor 10,16–17) verbunden, weil die Taufe den Einzelnen hineinnimmt in den mit seinem Haupt verbundenen Leib und weil die Eucharistie als Mahl des sich dahingebenden Herrn diesen Leib immer mehr an Christus bindet. Ebenso taucht der Begriff „Volk Gottes“ im Neuen Testament häufig bei Paulus auf. Auch die nicht aus dem Judentum stammenden Christusgläubigen werden von ihm als „Volk Gottes“ beschrieben, weil sie in Anspielung auf die Vorstellung vom alttestamentlichen Volk Gottes als dem Volk der Erwählung den „heiligen Rest“, das „wahre Israel“ bilden. Dieses „wahre Israel“ glaubt im Unterschied zum ursprünglichen Volk Israel der Verheißung der Rettung durch Jesus Christus, obwohl diese wie auch alle anderen Verheißungen zuvor dem ursprünglichen Israel gelten (vgl. vor allem Röm 9–11). Somit hat sich für Paulus die Verheißung einer endzeitlichen Sammlung des zerstreuten Volkes bzw. des Zwölf-Stämme-Volkes erfüllt. Der *eine* Gott schafft sich *ein* Volk, das seinen Namen ehrt und an seine Verheißungen glaubt. Mit der Übertragung des Begriffes „Volk Gottes“ auf die Christusgläubigen gibt es für Paulus eine heilsgeschichtliche Kontinuität zwischen alt- und neutestamentlicher Zeit, auch wenn die große Mehrzahl des Volkes Israel nicht zum Glauben an die letzte Verheißung Gottes, Jesus Christus, gekommen ist. Dennoch ist Paulus davon überzeugt, dass „ganz Israel“ trotz seiner Verstockung im Unglauben gegenüber Jesus Christus gerettet werden wird (Röm 11,26). Das bedeutet, dass Gott selbst eine Einheit von Israel und Christusgläubigen am Ende der Zeit herbeiführen wird.

Aus diesem kurzen Überblick über die verschiedenen neutestamentlichen Bezeichnungen und Bilder für die Einheit der Kirche können wir erkennen, dass die Einheit der Christusgläubigen immer Geschenk Gottes ist, d. h. von „oben“ kommt und niemals von Menschen „hergestellt“ werden kann. Gott ist es, der die Gläubigen mit Jesus Christus und untereinander im Heiligen Geist verbindet (1 Kor 10.16 f). Dies geschieht allerdings nicht ohne innere Beteiligung des Menschen. In diesem Zusammenhang erscheint an vielen Stellen im NT der griechische Begriff „koinonia“, der mit „Gemeinschaft als Teilhabe“ übersetzt werden kann. Gott lässt die zum Glauben gekommenen Menschen teilhaben an dem von ihm verheißenen Heil in Jesus Christus und damit an ihm selbst. Dies geschieht, indem der Geist Gottes die Gläubigen erfüllt und so als Einzelne in Jesus Christus zu einer Kirche/Gemeinde sammelt. Damit sind die Gläubigen sowohl mit Jesus Christus bzw. mit Gott (dem Vater) im Heiligen Geist verbunden als auch untereinander.

Allerdings sind solche wesentlichen neutestamentlichen Bestimmungen der Einheit – selbst wenn darin alle christlichen Kirchen übereinstimmen sollten – nicht so konkret und genau, dass daraus ein bestimmtes Verständnis von kirchlicher Einheit für alle verbindlich ableitbar wäre. Von Anfang an bestand im Neuen Testament das Problem, wie die von Gott gegebene Einheit der Christusgläubigen konkrete sichtbare Gestalt annimmt bzw. anzunehmen hat. Diese Frage besteht bis heute fort. Die verschiedenen christlichen Konfessionen geben unterschiedliche Antworten, obwohl oder gerade weil sie sich dabei alle auf das Neue Testament berufen.

Dies sei am Beispiel der Unterscheidung und des Zusammenhangs von Gemeinde und Gesamtkirche gezeigt. Paulus richtet seine im Neuen Testament überlieferten Briefe an ganz bestimmte Gemeinden in ganz bestimmten Gegenden oder Städten. Er hat also konkrete Einzelgemeinden vor Augen. Jede einzelne von ihnen bezeichnet er als „Kirche Gottes". Das bedeutet: In einer solchen Gemeinde kommt für ihn die Kirche Jesu Christi (bzw. die Kirche Gottes) zur konkreten sichtbaren Erscheinung. Eine solche Gemeinde ist für ihn wahrhaft Kirche. Die Aussagen des Paulus über die Kirche sind von daher auf die Einzelgemeinde gerichtet. Zugleich weitet er aber seinen Kirchenbegriff auch auf alle diejenigen aus, die „den Namen unseres Herrn Jesus Christus anrufen an jedem Ort" (1 Kor 1,2). Damit kommt die universale Gemeinschaft der Christusgläubigen in den Blick. Auch sie sind „Kirche". Wie aber verhalten sich Ortskirche und Universalkirche zueinander? Ist die eine nur eine Ableitung aus der anderen? Sind beide gleich wichtig? Bis heute werden darauf konfessionell unterschiedliche Antworten gegeben.

Noch entscheidender ist aber die Frage, was genau die konkrete Gemeinde zur „Kirche" macht. Für Paulus ist es wichtig, dass eine Gemeinde am *einen Evangelium* Christi festhält (Gal 1,6 f.; 1,11; 1,12; 2,5; vgl. auch 2 Kor 11,4). Das „Evangelium" (im Hebräerbrief als „Zeugnis" bezeichnet), das Jesus Christus und dessen Heilswerk verkündigt, wird so zum festen Grund der Kirche und zum Maßstab des Glaubens.

Das *eine* Evangelium weist darüber hinaus auf die *eine Taufe* hin, durch die auf sichtbare Weise die „Einverleibung" des Gläubigen in die Christusgemeinschaft und die Gemeinschaft untereinander durch das Wirken des Heiligen Geistes geschieht (1 Kor 12,13; vgl. Eph 5,25 f.). Die Getauften sind durch die Hineinnahme in die enge Verbindung mit Christus zu neuen Menschen geworden, zu „Gotteskindern", deren bleibende Einheit Jesus Christus ist.

Die *Eucharistie*- oder Herrenmahlfeier einer Gemeinde ist für Paulus die jeweils neue Verwirklichung und Darstellung der in der Taufe begonnenen Teilhabegemeinschaft in und mit Christus. Daher gründet die Einheit der Gemeinde in der Einheit und Gemeinschaft mit Christus (1 Kor 10,16–17), die der Heilige Geist in der Eucharistie bewirkt. Wo die *eine Eucharistie* gemeinsam gefeiert wird, ist die *eine Gemeinde* sichtbar veranschaulicht. Dort können und dürfen keine Spaltungen sein, weil dies dem Wesen der Eucharistie widerspricht (1 Kor 11,17–34). Dies bedeutet allerdings, dass die Einheit der Gemeinde bereits als Voraussetzung für die eine Eucharistie gefordert ist.

Eine dritte Vorstellung (neben Taufe und Eucharistie auf der Grundlage des Evangeliums), die Einheit im apostolischen →*Amt*, ist in seiner Bedeutung für die Einheit der Gemeinde/Kirche zwischen den christlichen Konfessionen umstritten. Dies liegt hauptsächlich daran, dass das Amt der Sendung („apostolisches Amt"), das Paulus vom auferstandenen Jesus Christus übertragen bekam, eng mit dem ihm vorgegebenen Evangelium und seiner Verkündigung verbunden ist. Daraus schließen einige christliche Konfessionen (hauptsächlich Protestanten), dass dieses Amt der Sendung für Paulus mit dem zu verkündigenden Evangelium selbst mitgegeben ist und damit nicht zu einem eigenen Maßstab für die Einheit der Gemeinde/Kirche wird bzw. werden darf. Andere christliche Konfessionen (Katholiken und Orthodoxe) verstehen Paulus dagegen so, dass nicht nur vom verkündigten Evangelium Christi auf ein mit ihm verbundenes Amt der Sendung geschlossen werden kann, sondern auch umgekehrt: Dort, wo das *eine* apostolische Amt gegeben ist, ist immer auch die Einheit im Evangelium und damit die Einheit der Gemeinde/Kirche gegeben und gewahrt. Das (apostolische) Amt wird nach diesem Verständnis zu einem eigenen Maßstab für die Einheit der Gemeinde, obwohl dieser Maßstab sehr eng mit dem Evangelium verbunden ist und nicht von ihm getrennt betrachtet werden kann bzw. darf. Gerade diesen Umkehrschluss vom Vorhandensein des Amtes auf das Vorhandensein des Evangeliums Christi halten Protestanten nicht für paulinisch und lehnen ihn folglich ab.

Die Frage nach dem Amt und etwaigen Ämterstrukturen sowie nach Autorität und Gehorsam im Neuen Testament wurde lange Zeit zwischen den christlichen Konfessionen kontrovers diskutiert. Von vielen wurde diese Frage als Problem des →*„Frühkatholizismus"* bezeichnet, weil es hierbei um die der katholischen Kirche – vor allem mit Blick auf ihre Lehre vom kirchlichen Amt – unterstellte nicht legitime „Entfaltung" des biblischen Glaubensgutes ging bzw. geht.

Die christlichen Konfessionen stimmen aber grundsätzlich darin überein, dass die Gemeinden bereits in der Zeit des Neuen Testaments unter Berufung auf den seine Jünger aussendenden Jesus (Mk 16,15; Mt 28,18–20) immer ein Amt der Sendung kannten, das dem Evangelium und der Gemeinde zu dienen hatte, auch wenn seine konkreten Formen variierten.

Ein solcher Dienst war dann besonders notwendig, wenn die Gemeinden vor Spaltungen standen oder unter Spannungen litten. Solche Spannungen oder sogar Spaltungen (Paulus nennt sie „Schismen" oder „Häresien") entstanden dann, wenn es Uneinigkeit im Glauben gab oder eine einseitige Parteinahme zugunsten bestimmter christlicher Wortführer in der Gemeinde stattfand (1 Kor 1,12). In solchen Fällen verweist Paulus mahnend auf den einen gekreuzigten Jesus Christus, der nicht zerteilt werden kann. Spaltungen in seinem Leib, der Gemeinde, sind von daher eine Anomalie und müssen schnellstens behoben werden. Zur Wahrung der Einheit der Gemeinde in dem einen Glauben erinnert Paulus an das *eine* Evangelium, die *eine* Taufe (1 Kor 12,13), das *gemeinsame* Herrenmahl (1 Kor 11,17–34), an die *gemeinsame* Unterordnung unter die Autorität, die Paulus für sich selbst beansprucht (1 Kor 4,14 f.), sowie an Eintracht, Einmütigkeit und Demut (Phil 2,1-4).

Hinter diesen Ermahnungen steht die Grundüberzeugung von Paulus, dass nicht mehrere Kirchen existieren, sondern nur die eine Kirche, die aber von Spaltungen bedroht sein kann. Von daher verbietet es sich zu sagen, dass das Neue Testament als eine lose Sammlung unterschiedlicher Glaubenszeugnisse und Bekenntnisse eher die Vielfalt verschiedener christlicher Konfessionen widerspiegelt (eine These des Exegeten Ernst Käsemann) als eine Einheit der Christusgläubigen in der einen Kirche. Stattdessen bezeugt und fordert das Neue Testament an zahlreichen Stellen die *eine Kirche* Jesu Christi trotz oder gerade in aller Vielfalt und Unterschiedlichkeit der Glaubens- und Lebenszeugnisse.

Die Verschiedenheit der Zeugnisse von Jesus Christus im neutestamentlichen *Kanon*, d. h. in der (kirchlich akzeptierten) Gesamtheit der Schriften des Neuen Testaments, darf und kann dabei nicht auf ein einziges *Bild* von Christus, sei es auch noch so grundlegend, reduziert werden. In der klassischen evangelischen Exegese spricht man von einem „Kanon im Kanon", der die verschiedenen Zeugnisse der Heiligen Schrift nach ihrer Bedeutung für den Glauben an Jesus Christus gewichtet. Damit muss aber nicht die (legitime) Verschiedenheit der neutestamentlichen Christuszeugnisse und -bilder geleugnet werden. Auch die katholische Theologie weiß bei aller Betonung der Vielfalt der Schrift um eine „Mitte der Schrift", insofern damit eine Hinordnung auf Jesus Christus gemeint ist.

Deshalb bezeugt gerade das Neue Testament in besonderer Weise die ökumenisch bedeutsame Vorstellung von einer in Christus gründenden *„Einheit in versöhnter Verschiedenheit (Vielfalt)"*.

3. Die Suche nach der kirchlichen Einheit der Christen in der Geschichte

Die Trennungen

Seit Beginn hat das Christentum mit Spannungen, Auseinandersetzungen und Spaltungen ringen müssen, um die Einheit im Glauben und in der Praxis zu bewahren. In keiner Epoche der Kirchengeschichte schien diese Einheit dauerhaft gesichert. Jede Generation von Christen sah sich aufs Neue vor die notwendige Aufgabe gestellt, den christlichen Glauben „ökumenisch“, d. h. für alle Menschen, auszudrücken und gemeinsam vor den Menschen zu bekennen. Bei diesem Vorgang kam es nicht selten zu Abspaltungen, weil gewisse Gruppen in der Kirche extreme Glaubenspositionen vertraten, die der allgemeinen Überzeugung der Gesamtkirche widersprachen. In der theologischen Fachsprache nennt man sie *Häretiker*. Die Kirche sah sich darum häufig veranlasst, solche Gruppen aus der kirchlichen Gemeinschaft auszuschließen, wenn diese Gruppen ihr nicht schon selbst zuvorgekommen waren und die Gemeinschaft mit der Kirche aufgekündigt hatten.

Zu einer ernsten Bedrohung für die Einheit der Kirche kam es bereits zur Zeit des Neuen Testaments (Apostelgeschichte, Kap. 15, berichtet davon), als es um die Frage nach dem Zugang der Heiden zu Jesus Christus ging. Eine Gruppe um den Apostel Petrus wollte die jüdische Beschneidung als eine Art Bedingung auch für die zum Glauben gekommenen Heiden durchsetzen. Der Apostel Paulus dagegen wollte für die Heiden eine solche von Gott zum Heil nicht geforderte Bedingung verhindern. Die Versammlung der Apostel und Ältesten und der Gemeinde in Jerusalem („Jerusalemer Apostelkonvent“) folgte in diesem

Punkt Paulus und bestand lediglich im Sinne eines Kompromisses auf einigen für die Judenchristen wichtigen Vorschriften (Speisegebote, Verbot der Unzucht).

Eine die Kirche nachhaltig gefährdende Situation entstand im 5. Jahrhundert, als es aufgrund unterschiedlicher philosophischer Begrifflichkeiten und Vorstellungen in der Lehre über Jesus Christus (→ *Christologie*) im Umfeld des Konzils von Ephesus (431) und von Chalkedon (451) zu einer Trennung mehrerer kleinerer Kirchen (vorwiegend im Nahen und Mittleren Osten) von der Reichskirche kam. Es ging dabei hauptsächlich um die Frage nach dem richtigen Verhältnis von Gottheit und Menschheit in Jesus Christus. Weil diese kleineren Kirchen die Entscheidungen des Konzils nicht mittrugen bzw. -tragen, nennt man sie auch *vor- oder nichtchalkedonensische Kirchen* (z. B. die koptisch-orthodoxe Kirche Ägyptens).

Es konnte aber auch vorkommen, dass nicht hauptsächlich Glaubensgründe eine Spaltung in der Kirche verursachten, sondern politische, soziale, wirtschaftliche und kulturelle Faktoren. So lag die Ursache in der allmählichen Trennung von West- und Ostkirche im ersten Jahrtausend vor allem an einer gegenseitigen Entfremdung von westlicher und östlicher Christenheit, die sich in unterschiedlichen theologischen Denkweisen, aber auch in Brauchtum und Frömmigkeit niederschlug, ohne dass man sich im Glaubenskern voneinander entfernt hatte. Jedoch verstand man sich nicht mehr. Die Aufteilung in ein west- und in ein oströmisches Reich (4./5. Jahrhundert) sowie Rivalitäten um den Vorrang der Bischofssitze von Rom und Konstantinopel (= Byzanz; heute Istanbul) erschwerten das Verhältnis noch zusätzlich. Obwohl man sich damals nach vergeblichen Einigungsbemühungen gegenseitig als Häretiker, d. h. als Glaubensabweichler brandmarkte, spricht man im Westen heute „nur“ von einem *Schisma* zwischen West- und Ostkirche, um deutlich zu machen, dass es zwar zu einer letztlich nicht gutzuheißenden Trennung in der Kirche kam, diese

Trennung aber nicht das gemeinsame Fundament des „ökumenischen“ Glaubens zerstört hat.

Für die Einheit der Westkirche war das 16. Jahrhundert von entscheidender Bedeutung. Damals kam es zu einem tiefen Riss zwischen den „Altgläubigen“, die weiterhin dem Papst anhingen, und den „Neuerern“, den Anhängern Martin Luthers und der anderen Reformatoren (Johannes Calvin, Huldrich Zwingli, John Knox u. a.). Diese wollten die Kirche im Glauben erneuern (*„reformieren“*; →*Reformation*), wie sie ihn in der Bibel beschrieben fanden. Sie prangerten die Verquickung einer kirchlich vermittelten Aufhebung (→*Ablass*) zeitlicher Strafen für bereits vergebene Sünden mit Geschäftemacherei (Ablasshandel) an. Die Reformatoren lehnten sowohl die Messe im Sinne eines für das „ewige Seelenheil“ verdienstvollen Opfers der Kirche ab als auch ein spezielles Priestertum der Amtsträger (Diakone, Priester und Bischöfe) wie auch deren vorgeschriebene Ehelosigkeit (Zölibat). Sie forderten die Einführung der Landessprache in den Gottesdienst und die Kelchkommunion, die bislang aber nur den Amtsträgern vorbehalten war, für alle Christen.

Diese Kritik war aber nicht die eigentliche Ursache dafür, dass es zu einem bis heute andauernden Bruch mit der römisch-katholischen Kirche kam. Der eigentliche Grund, warum Luther und zum Teil auch die anderen Reformatoren die Gemeinschaft mit dem Papst aufkündigten, lag in einem unterschiedlichen Verständnis der →*Rechtfertigung*. Bei der Rechtfertigung geht es um die entscheidende Frage des christlichen Glaubens nach dem für das Heil notwendigen *„rechten“* Verhältnis zwischen Gott und Mensch. Diese Frage war im ausgehenden Mittelalter von existentieller Bedeutung, da sich die Menschen als Sünder verstanden und nicht wussten, wie sie vor den Forderungen des „gerechten“ Gottes bestehen können, um sich von ihm angenommen zu wissen. Luther formulierte dies mit folgender Frage: „Wie kriege ich einen gnädigen Gott?“ Die kirchliche Tradition, in die Luther hineingewachsen war, hatte bislang auf diese Frage geantwortet, dass der Mensch neben seinem Glauben an Gott als notwendige Voraussetzung auch selbst etwas leisten müsse (z. B. in Form von Buße und gewollter Hinwendung zu Gott), um aus der Sünde gerettet und zum Heil geführt zu werden. In bestimmten spätmittelalterlichen theologischen Denktraditionen (vor allem im →*Nominalismus*) unterschied man nicht immer mit der nötigen Klarheit zwischen der inneren und der äußeren Aktivität des Menschen. Während eine innere Beteiligung des Menschen (vor allem mit seinem Herzen) bei der Annahme durch Gott (*Rechtfertigung*) erforderlich ist, ist seine äußere Aktivität in Form von „guten Werken" nach überliefertem katholischen Glauben *Folge* der Annahme durch Gott und nicht ihre Voraussetzung. Durch eine mangelnde Unterscheidung zwischen beiden konnte jedoch der Eindruck entstehen, die „guten Werke" des Menschen seien eine notwendige Bedingung zur Erlangung der Rechtfertigung. Luther meinte daher, in den „guten Werken" seiner Zeit (Fasten, Almosen geben, Buße tun) den letztlich vergeblichen Versuch vieler Zeitgenossen sehen zu müssen, den über die Sünde zornigen Gott gnädig zu stimmen. Dies war für Luther aber nicht annehmbar. Der Mensch war zu sehr ein Sünder, der sich selbst viel zu sehr (auch mehr als Gott) liebt, als dass er die radikalen Gebote der Gottes- und Nächstenliebe vollkommen erfüllen könnte. So kam Luther zu seiner entscheidenden Einsicht, die später der *„reformatorische Durchbruch"* in seinem Denken genannt worden ist: Der sündige Mensch kann das göttliche Heil nur wie ein „Bettler" im vertrauenden Glauben an Jesus Christus empfangen. Das heißt, der Mensch kann sich nicht selbst durch sein Tun oder Nichttun vor Gott in einen rechten Stand versetzen („rechtfertigen"). Vielmehr ist es Gott allein, der den Sünder bedingungslos annimmt und ihn zu einem „Kind Gottes" macht.

Luthers Freund und Mitreformator Philipp Melanchthon legte 1530 ein auf Verständigung mit der römischen Seite zielendes Bekenntnis, die „*Confessio Augustana*" („Augsburger Bekenntnis"), dem in Augsburg weilenden Abgesandten des Papstes vor. Die römische Seite hielt dieses Bekenntnis an einigen Stellen für unannehmbar. Mit der *Confessio Augustana* entwickelte sich der Typus der →*Konfession* oder Bekenntnisschrift, der im protestantischen Bereich bis heute eine große Rolle spielt. Die lutherischen Kirchen zählen die als Einigungswerk gedachte *Confessio Augustana* bis heute zu ihrer entscheidenden Bekenntnisgrundlage.

Es wurden zwar im 16. Jahrhundert noch mehrere Religionsgespräche zwischen Altgläubigen und den Anhängern Luthers geführt, doch konnte die kirchliche Trennung trotz (oder gerade wegen?) mancher Kompromissformeln in der Rechtfertigungsfrage nicht aufgehoben werden. So kam es auf dem Augsburger Reichstag von 1555 zur Erklärung des (bloß als vorläufig verstandenen) →*Augsburger Religionsfriedens*, mit dem sich die katholischen und die lutherischen Reichsstände gegenseitig Toleranz bis zu einer endgültigen einvernehmlichen Lösung zusicherten. Diese Toleranz galt aber nicht für die einzelnen Untertanen. Sie hatten die Konfession ihres jeweiligen Landesherrn anzunehmen oder andernfalls unter Verkauf von Hab und Gut aus ihrer Heimat auszuwandern: „Wer über das Land bestimmt, bestimmt auch die Religion" („*cuius regio, eius et religio*"), lautete die Formel.

Das →*Konzil von Trient* (1545–1563), das sich im Zuge der so genannten katholischen „*Gegenreformation*" um innerkatholische Erneuerung bemühte, um manche tatsächlichen Missstände in der Kirche zu beseitigen oder zu korrigieren, konnte nichts mehr an der Trennung ändern.

Auch in England kam es im 16. Jahrhundert zu einer Reformation, in deren Auswirkungen die Insel zum Mutterland des angelsächsischen Protestantismus wurde. Das auslösende Moment war aber, anders als auf dem Kontinent, keine Lehrfrage, sondern ein kirchenrechtliches Problem.

König Heinrich VIII. verlangte vom Papst die Auflösung der Ehe mit seiner Schwägerin Katharina von Aragon. Als dieser die Annullierung verweigerte, erklärte sich der König mit der →*Suprematsakte* (1534) zum rechtlichen Oberhaupt (seit 1559 „Supreme Govenor" genannt) der →„*Anglikanischen Kirche*" (lat. anglicanus = englisch), deren offizieller Name „*Kirche von England*" ist. Von Parlament und Klerus verlangte er einen Treueid, den aber viele Geistliche und Laien verweigerten. Der Grund lag jetzt in theologischen Fragen. An sich war Heinrich selbst eher katholisch gesinnt, doch der damalige Erzbischof von Canterbury, Thomas Cranmer, suchte mit Hilfe von Theologen des Festlandes Lehre und Verfassung der Kirche zu reformieren. Er wollte die katholischen wie die reformatorischen Extrempositionen vermeiden. Das Ergebnis war das noch heute gültige „Book of Common Prayer" (Allgemeines Gebetbuch). Die Oppositionellen („Dissenters") richteten sich nun entweder als Katholiken gegen die Protestantisierung oder als radikale Neuerer gegen die katholischen Überreste, von denen sie die Kirche reinigen wollten (→„*Puritaner*"). Viele Geistliche und Laien wanderten ins Gefängnis oder wurden hingerichtet (wie der ehemalige Lordkanzler Thomas Morus); andere wanderten aus. Bevorzugtes Ziel war Nordamerika. Berühmt wurden die „Pilgrim Fathers" (Pilgerväter), eine Gruppe strenger Protestanten), die 1620 auf dem Schiff „Mayflower" England verließen und in der „neuen Welt" Nordamerikas den Staat „Neuengland" gründeten. Erst Anfang des 19. Jahrhunderts wurde die Eidesverpflichtung aufgehoben, für Katholiken in Form der Emanzipationsakte von 1829.

In Deutschland führte die Grundsatzentscheidung des Religionsfriedens von 1555 („Cuius regio ...") zu neuen Machtkämpfen um die konfessionelle Vorherrschaft in Deutschland. Den blutigen Höhepunkt dieser Kämpfe erlebte Deutschland im Dreißigjährigen Krieg (1618–1648), in dem ganze Landstriche verwüstet wurden, nur weil sie der „falschen“ Konfession angehörten. Erst seit der zweiten Hälfte des 18. Jahrhunderts kam es zunehmend zu einem friedlichen Nebeneinander der Konfessionen. Dies war aber noch lange kein *Mit*einander wie im Zeitalter der Ökumene des 20. Jahrhunderts, da man die eigene Kirche für die einzig legitime Form des Christentums hielt und für alle anderen Formen oft nur bittere Polemik aufbrachte.

Strömungen wie Aufklärung und Liberalismus trugen im 19. Jahrhundert zu einer Erweiterung des jeweils eigenen konfessionellen Denkhorizontes bei. Der evangelische Kirchenhistoriker Gottlieb Jakob →*Planck* begründete die sachlich vergleichende Darstellung der Konfessionen und bemühte sich um eine Annäherung zwischen dem Protestantismus und dem Katholizismus. Man wollte heraus aus der eigenen konfessionellen Isolation und Abgrenzung, die seit der Reformationszeit auch *innerhalb* des Protestantismus vor allem zwischen Lutheranern und Reformierten herrschten, weil man zunehmend erkannte, ein gemeinsames Ziel zu haben, die Bezeugung des christlichen Glaubens. Diese Suche nach einem gemeinsamen Ziel war aber zuerst auf die evangelischen Konfessionen beschränkt und wurde dort von neuen Bewegungen getragen, wie dem →*Christlichen Verein Junger Männer*, der Christen zahlreicher verschiedener evangelischer Kirchen und Gemeinschaften umfasste. Auch die offiziellen protestantischen Kirchen selbst rückten enger zusammen. Es entstanden die →*„konfessionellen Weltbünde“* (heute: *„weltweite christliche Gemeinschaften“* genannt). Sie sind internationale Zusammenschlüsse protestantischer Kirchen und Gemeinschaften der gleichen Konfession, d. h. gleichen Bekenntnisses, in Form eines „Dachverbandes“. So gründete sich z. B. der „Lutherische Weltbund“ aus lutherischen Kirchen, der Reformierte Weltbund aus Kirchen mit reformiertem Bekenntnis und reformierter Kirchenordnung und die Anglikanische Kirchengemeinschaft aus den in Großbritannien und seinen Kolonien exsistierenden anglikanischen Kirchen.

Gewisse Probleme für ein Zusammenrücken der evangelischen Kirchen untereinander bereitete die Bewegung des →*Pietismus* im 18. Jahrhundert. Zwar gewann er in zahlreichen protestantischen Kirchen Anhänger und brachte sie auf diese Weise einander näher, doch war er mit seiner Betonung einer auf persönliche Umkehr und Heiligung zielenden Frömmigkeit eher kritisch gegenüber der offiziellen kirchlichen Ordnung eingestellt. Dennoch gingen von ihm erste ökumenische Impulse aus, da er das Miteinander im tätigen Zeugnis der Christen vor die Unterschiede in der Lehre stellte und zugleich auf die gemeinsame Lehr- und Lebensgrundlage, die Heilige Schrift, verwies. Als Bewahrer des pietistischen Anliegens sehen sich die aus der →*Erweckungsbewegung* hervorgegangenen evangelikalen Christen, die sich aus verschiedenen protestantischen Kirchen und kirchlichen Gemeinschaften in der →*Evangelischen Allianz* zusammengeschlossen haben (vgl. auch die evangelikal ausgerichtete →*Pfingstbewegung*).

Doch selbst im 19. Jahrhundert ereigneten sich noch weitere kirchliche Spaltungen. So trennten sich nach dem I. Vatikanischen Konzil (1870) Katholiken von Rom, weil sie das auf diesem Konzil verkündete *Dogma* des päpstlichen Weisungsvorrangs (Jurisdiktionsprimat) und der Unfehlbarkeit (Irrtumslosigkeit) höchster päpstlicher Lehrentscheidungen missbilligten. Seitdem bezeichnen sich diese Katholiken als „*Altkatholiken*" bzw. als „*Altkatholische Kirche*". Sie wollen an die katholische Kirche des ersten Jahrtausends anknüpfen.

Seit dem 19. Jahrhundert bemühten sich römisch-katholische Kreise um die Einheit der Christen. Das geschieht auf verschiedenen Ebenen. Zunächst erwies es sich als grundlegend wichtig, die anderen Konfessionen so vorurteilsfrei und sachlich wie nur möglich in ihrem Anderssein wahrzunehmen und zu verstehen. Dem diente eine neue Disziplin, die *Konfessionskunde*. Deren bedeutendster Vertreter ist der Tübinger Theologe Johann Adam Möhler. Sein Hauptwerk

„Symbolik" (1832) stellt die Lehraussagen von Katholizismus und Protestantismus wissenschaftlich exakt einander gegenüber und unterscheidet zwischen einem theologisch zulässigen Gegensatz und einem nicht hinnehmbaren Widerspruch in der Erkenntnis der Wahrheit. Damit wird er zum Wegbereiter eines weiteren theologischen Faches, der *ökumenischen Theologie* oder *Ökumenik*. Ihr geht es nicht mehr nur um die Darlegung der Positionen, sondern um die Überwindung der Gegensätze, die sie markieren. Zu den eher akademischen gesellten sich geistliche Versuche, die Trennung durch gemeinsames Gebet zu überwinden. *Adolf Kolping*, der spätere „Gesellenvater", übernahm da eine führende Rolle. Endlich griff seit dem Pontifikat Papst Leos XIII. auch die amtliche Kirche das ökumenische Thema auf, anfangs vor allem mit Blick auf die dogmatisch nahestehenden Kirchen des Ostens. Sie stellte sich auf den Standpunkt, dass die Einheit der Kirche Christi nie zerstört, sondern in der römisch-katholischen Kirche unversehrt bewahrt geblieben sei. Dem gemäß ist Einheit der Kirche Wiedervereinigung der Christen, die sich von Rom getrennt hatten, mit der Papstkirche. Ökumenismus ist eine Bewegung der *Rückkehr*. Man bezeichnet daher diese Konzeption auch als →„*Rückkehrökumene*". Sie war gut gemeint, doch keineswegs durch das Selbstverständnis der nichtkatholischen Christinnen und Christen gedeckt.

Auf anglikanischer Seite kam es im 19. Jahrhundert durch die →*Oxford-Bewegung* zu einer Annäherung an die katholische und orthodoxe Kirche, vor allem aufgrund einer Aufnahme von katholischem (und orthodoxem) Gedankengut in die gemäßigt protestantische Glaubenslehre und -praxis des Anglikanismus. Dadurch glaubten die Anglikaner als eine Art „Verbindungsbrücke" zwischen Protestantismus und Katholizismus (bzw. Orthodoxie) besonders dienlich zu sein. Zur gleichen Zeit entwickelte sich ebenfalls unter Einfluss der →*Oxford-Bewegung* die sogenannte „Branch-Theory" („Zweig-Theorie"), die besagt, dass es nur eine einzige christliche Kirche auf der Erde gibt. Die Orthodoxie des Ostens, der römische Katholizismus und der Anglikanismus seien drei gleichberechtigte „Zweige" an dem einen „Stamm" der Kirche. Vom Protestantismus, d. h. vom evangelischen Christentum, war bewusst nicht die Rede. Ihn hielt man aus Sicht der „katholisch" denkenden Oxford-Bewegung für eine häretische Abspaltung von dieser einen Kirche. Erst später erweiterte man die „Branch-Theory" auch um den Protestantismus als „viertem Zweig" an dem einen „Stamm" der Kirche, selbst wenn viele eher „katholisch" denkende Anglikaner („*Anglo-Katholiken*") dies bis heute nicht akzeptieren. Zu Beginn des 20. Jahrhunderts sprach man daher auf anglo-katholischer Seite lieber mit Vertretern der römisch-katholischen Kirche als mit protestantischen Kirchenführern.

Ökumenische Aufbrüche im 20. Jahrhundert

Erst im 20. Jahrhundert kam es zu einer wirklichen ökumenischen Bewegung, die viele Konfessionen erfasste. Besondere Anstöße für die Ökumene als der Suche nach Überwindung von Trennendem zwischen den Kirchen und kirchlichen Gemeinschaften kamen aus den Missionstätigkeiten der protestantischen Kirchen. Es erwies sich als wenig förderlich, wenn den „Heiden" am gleichen Ort höchst unterschiedliche Lehrüberzeugungen und Frömmigkeitsformen als jeweils die *wahre* Religion angepriesen wurden. Welche war die richtige? So wuchs die innerprotestantische Zusammenarbeit zuerst auf missionarischem Gebiet. Sie mündete in die Erste Weltmissionskonferenz 1910 in Edinburgh. Das auf dieser Konferenz deutlich gewordene gemeinsame Missionsanliegen führte schließlich zur Gründung des →*Internationalen Missionsrates* im Jahr 1921. Erst relativ spät (1961) ging der Internationale Missionsrat im →*Ökumenischen Rat der Kirchen* (ÖRK) auf. Auf der

Ersten Weltmissionskonferenz schlug der anglikanische Bischof Ch. H. Brent vor, eine „Weltkonferenz für Glauben und Kirchenverfassung" abzuhalten. Die Konferenz wollte zum Wohl der gemeinsamen Missionspraxis die Lehr- und Strukturfragen ausklammern. Brent erkannte, dass das unmöglich war: Die praktischen Probleme zeigten sich mit den theoretischen als untrennbar verquickt. So kam es auf sein Betreiben 1927 in Lausanne zur Ersten Weltkonferenz für Glauben und Kirchenverfassung (→*„Faith and Order"*). Die Zweite Weltkonferenz folgte 1937 in Edinburgh.

Fast zeitgleich entstand eine andere Form der ökumenischen Bewegung. Sie setzte sich für die Überwindung der wirtschaftlichen, politischen, sozialen und ethischen Folgeschäden des I. Weltkrieges ein. Die Bewegung für Praktisches Christentum (→*„Life and Work"*) wird gegründet. 1925 rief der evangelische Erzbischof Nathan Söderblom von Uppsala 60 Vertreter aus nichtkatholischen Kirchen zur Ersten Weltkonferenz für praktisches Christentum in Stockholm zusammen. Das zentrale Thema war: „Kirche – Reich Gottes – Gemeinschaft – Staat". Unter besonders negativen politischen Umständen folgte die Zweite Weltkonferenz in Oxford 1937, d. h. in einer Zeit, in der in Kontinentaleuropa der italienische Faschismus und der deutsche Nationalsozialismus zu einer zunehmenden Bedrohung für den Frieden wurden.

Allerdings war das unkoordinierte Nebeneinander dieser beiden Bewegungen sehr unbefriedigend, ja sogar störend. Aufgrund der Arbeiten eines Vorläufigen Ausschusses unter der Leitung des anglikanischen Bischofs W. Temple und des reformierten Theologen W. A. Visser't Hooft gründete sich 1948 in Amsterdam der *Ökumenische Rat der Kirchen* (ÖRK). In ihn wurden sowohl die Bewegung für Glauben und Kirchenverfassung als auch die Bewegung für praktisches Christentum integriert. 147 protestantische und orthodoxe Kirchen waren auf der ersten Vollversammlung des ÖRK anwesend (vgl. Abb. S. 46).

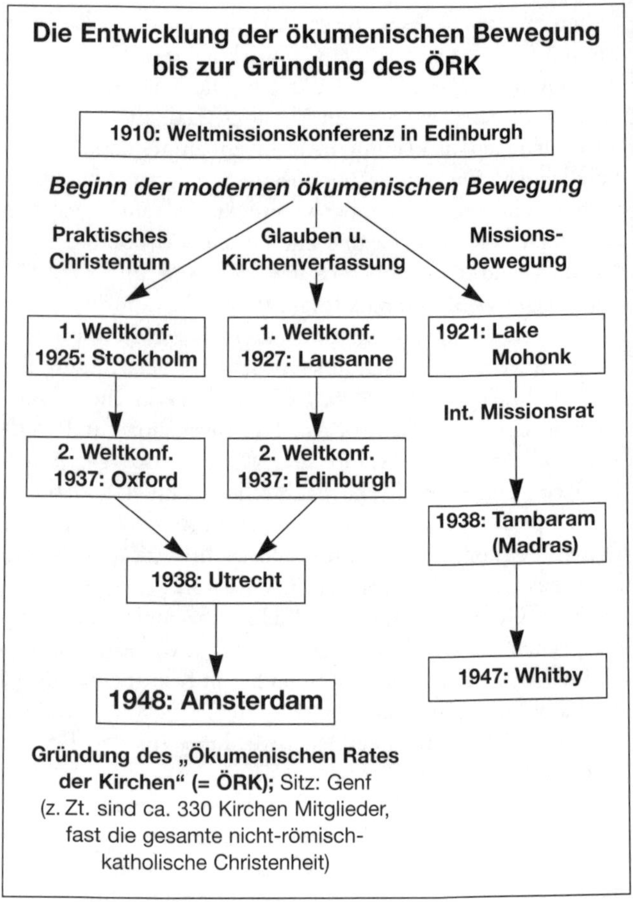

Die Entwicklung der Ökumenischen Bewegung bis zur Gründung des ÖRK. Quelle: Grundkurs Ökumene. Bd. 2: Materialien für eine Seminarreihe, S.35

„Der ÖRK ist eine Gemeinschaft von Kirchen, die den Herrn Jesus Christus gemäß der Heiligen Schrift als Gott und Heiland bekennen und darum gemeinsam zu erfüllen trachten, wozu sie berufen sind, zur Ehre Gottes, des Vaters, des Sohnes und des Heiligen Geistes."

Basisformel des ÖRK

Alle Mitglieder verpflichteten sich auf die Verfassung des ÖRK, deren wesentlicher Bestandteil die Basisformel ist. In der jetzigen Fassung stammt sie von 1961 (vgl. oben).

Die römisch-katholische Kirche betrachtete die Ökumenische Bewegung zuerst mit großem Misstrauen, war sie doch von protestantischer Seite angeregt worden. An der Gründung des ÖRK 1948 nahm sie daher offiziell nicht teil. Erst allmählich wuchs die Einsicht, dass die ökumenische Bewegung und der ÖRK grundsätzlich positiv zu beurteilen seien. Dazu haben sowohl zahlreiche persönliche Kontakte als auch erste theologische Gespräche zwischen den Gelehrten sowie ein vertieftes Studium evangelischer Bekenntnistexte beigetragen.

Von großer Bedeutung waren in diesem Zusammenhang die Mechelner Gespräche von 1921–1925, die von Lord Halifax (anglikanisch) und Kardinal Mercier, dem römisch-katholischen Erzbischof von Mecheln (in Belgien), angeregt und geleitet wurden. Denn sie fanden zwar zuerst nur mit Wissen, später dann aber auch mit offizieller Billigung Roms statt. Am Ende scheiterten sie jedoch an der Amts- und Papstfrage.

Zu den entscheidenden Wegbereitern des ökumenischen Gedankens in der katholischen Kirche können die → *Una-Sancta-Bewegung*, aber auch Theologen um die Mitte des 20. Jahrhunderts wie Yves Congar, Christophe Jean Dumont, Robert Grosche, Arnold Rademacher gerechnet werden. Sogar die bedeutenden katholischen Theologen Hans Urs von Balthasar, Romano Guardini und Karl

Rahner unterstützten das ökumenische Anliegen. Bedeutsam für das spätere Engagement der katholischen Kirche war ferner der Paderborner Erzbischof und spätere Kardinal *Lorenz Jaeger*, der 1946 zusammen mit dem Oldenburger evangelischen Bischof *Wilhelm Stählin* den →*Ökumenischen Arbeitskreis evangelischer und katholischer Theologen* ins Leben rief. Ebenfalls gründete Jaeger 1957 das in Paderborn ansässige *Johann-Adam-Möhler-Institut* für Konfessions- und Diasporakunde, das sich heute „Johann-Adam-Möhler-Institut für Ökumenik" nennt. Zusammen mit dem Jesuiten und späteren Kurienkardinal A. Bea erreichte es Jaeger, dass Papst Johannes XXIII. eine zentrale Stelle im Vatikan für die Fragen der Einheit der Christen (Sekretariat; heute: Rat für die Einheit der Christen) einrichtete.

Des Weiteren erhielt der ökumenische Gedanke durch mehrere innerkatholische Bewegungen zu Beginn und Mitte des 20. Jahrhunderts besondere Schubkraft. Zu nennen ist die *Bibelbewegung*, die sich für ein intensives persönliches und gemeinschaftliches Studium der Bibel in der Landessprache einsetzte (schon ein Anliegen Luthers!). Zu ihnen gehört ebenfalls die *Liturgische Bewegung*, die notwendig gewordene Veränderungen in der Liturgie anregte. Von besonderer ökumenischer Bedeutung war die →Bewegung zur Förderung des *Laienapostolats*, die das gemeinsame Priestertum aller Gläubigen wiederentdeckte (auch das ein Anliegen Luthers!) und deshalb eine eigene Berufung und Sendung der kirchlichen Laien in der Welt verfocht.

Auf ungewollte Weise trug auch der Nationalsozialismus zur Beförderung des ökumenischen Gedankens bei. Katholische und protestantische Christen trafen sich im Widerstand gegen die antichristliche Ideologie und trugen Seite an Seite die Folgen in Straflager, KZ und Exil. Ähnlich unbeabsichtigt hilfreich waren die Folgen der Katastrophe, in die der Nationalsozialismus Europa getrieben hatte. In Deutschland mussten Christen aller Konfessionen gleicher Weise mit Hunger und Flucht fertig werden – das ging nur in geschwisterlicher Hilfestellung. Die Flüchtlingsbewegungen nach 1945 lösten noch bestehende geschlossene konfessionelle Milieus weitgehend auf. Katholiken und Protestanten lebten erst neben-, bald miteinander – und sie heirateten gelegentlich einander: Das Problem der konfessionsverschiedenen Ehe nahm ungekannte Dimensionen an und verlangte nach einer ökumenisch akzeptablen Lösung. Ein anderer Komplex traditioneller Differenzen zwischen den Kirchtümern war das Bildungsgefälle zwischen dem protestantischen Bürgertum und der katholischen Landbevölkerung, die beinahe keine Aufstiegschancen besaß. Das änderte sich mit dem „Wirtschaftswunder" seit den fünfziger Jahren, das nicht nur Wohlstand, sondern auch Ausbildungsmöglichkeiten für alle bescherte. Das katholische Unterlegenheits- und Minderwertigkeitsgefühl verschwand, das ökumenisch manchmal hinderlich gewesen war.

Vor dem Hintergrund dieser politischen, wirtschaftlichen und sozialen Umwälzungen und angesichts eines innerkatholischen „Reformstaus" fand 1962-1965 das →*Zweite Vatikanische Konzil* statt. Es widmete sich der Erneuerung der katholischen Kirche in Glauben und Leben.

Auf diesem Konzil, bei dem auch zahlreiche offizielle Beobachter der anderen christlichen Kirchen und kirchlichen Gemeinschaften anwesend waren, fand der ökumenische Gedanke breite Unterstützung der versammelten Bischöfe. Dazu erließ es 1964 sogar ein eigenes *Dekret*, d. h. eine Verfügung über den →*Ökumenismus*. Diese Verfügung trägt den Namen →„*Unitatis redintegratio*" ([UR], dt. „Wiederherstellung der Einheit"). In ihr wird die Ökumene als theologisch bedeutsames und positives Anliegen der ganzen Kirche gewürdigt (vgl. Text S. 50).

Das Ökumenismus-Dekret des II. Vatikanums ist zur theologischen Grundlage aller weiteren ökumenischen Bemühungen der katholischen Kirche geworden. Das Konzil selbst sah es als eine seiner „Hauptaufgaben" an, „die Ein-

„Unter dem Wehen der Gnade des Heiligen Geistes gibt es heute in vielen Ländern auf Erden Bestrebungen, durch Gebet, Wort und Werk zu jener Fülle der Einheit zu gelangen, die Jesus Christus will. Daher mahnt dieses Heilige Konzil alle katholischen Gläubigen, daß sie, die Zeichen der Zeit erkennend, mit Eifer an dem ökumenischen Werk teilnehmen" (UR 4).

Würdigung der Ökumene durch das II. Vatikanum. Quelle: K. Rahner u. a., Kleines Konzilskompendium. Sämtliche Texte des Zweiten Vatikanums mit Einführungen und ausführlichem Sachregister, 21. Aufl., Freiburg i. Br. 1989, 233 f.

heit aller Christen wiederherstellen zu helfen" (UR, Vorwort). Eine solche Aufgabe muss beseelt sein von der Bekehrung des Herzens, der Heiligkeit des Lebens und des Gebetes für die Einheit der Christen (UR 8). Das Konzil würdigt in diesem Dekret die Existenz der getrennten Kirchen und kirchlichen Gemeinschaften als „Mittel des Heiles" (UR 3) und regt an, mit ihnen in einen „ökumenischen Dialog" (UR 23) zu treten, um die Unterschiede „von großem Gewicht" (UR 19) zwischen den Katholiken und den anderen Kirchen und kirchlichen Gemeinschaften überwinden zu können.

Das II. Vatikanum wurde von vielen, nicht nur katholischen Christen als ökumenischer Aufbruch verstanden, der die bestehenden Barrieren zwischen den Kirchen hinwegnehmen könnte. Diese euphorische Erwartung erfüllte sich allerdings nicht. Dennoch kam es zu zahlreichen ökumenischen Initiativen und Impulsen „vor Ort". Das Schlagwort der →*„Basisökumene"* bzw. der „Ökumene vor Ort" war geboren. Häufig trauten engagierte Christen in der Frage der Ökumene den örtlichen Kirchengemeinden mehr zu als den Kirchenleitungen und den Theologen. Vielerorts entstanden ökumenische Bibelkreise sowie Gebets- und Gesprächsgruppen. Die →*charismatische Bewegung*, die das Handeln des Heiligen Geistes betont, wirkt bis heute in zahlreichen katholischen und evangelischen Kirchen. Zunehmend wurden und werden ökumenische Gottesdienste zu bestimmten Anlässen im Kirchenjahr gefeiert, wie z. B. am Pfingstmontag oder während der *Gebetswoche für die Einheit der Christen* vom 18. bis zum 25. Januar jeden Jahres (vgl. Abb. unten).

Es entwickelte sich aber auch die „kirchenoffizielle Ökumene". Die örtlichen katholischen Kirchen wurden Mitglieder in den lokalen, regionalen und nationalen →*Arbeitsgemeinschaften christlicher Kirchen*, die in zahlreichen Ländern der Erde entstanden. Die katholische Kirche nahm offizielle ökumenische Gespräche mit anderen christlichen Konfessionen auf. Seit 1968 arbeitet sie offiziell in der ÖRK-Kommission „Glaube und Kirchenverfassung" mit, auch wenn sie nicht offizielles Mitglied des ÖRK ist. Des Weiteren beschäftigen sich mehrere päpstliche Dokumente nach dem II. Vatikanischen Konzil mit ökumenischen Fragen. Eine besondere Bedeutung haben dabei die Verlautbarun-

Ökumenischer Gottesdienst anlässlich des Papstbesuches im Paderborner Dom am 22. Juni 1996. Quelle: KNA-Bild

gen, die die Zulassung nichtkatholischer Christen zur katholischen Eucharistie (Päpstliches Sekretariat für die Einheit der Christen, *Instruktion* über die Zulassung anderer Christen zur eucharistischen Kommunion in der katholischen Kirche" von 1972) und die Frage der *konfessionsverschiedenen Ehen* (Papst Paul VI., *Motuproprio Matrimonia mixta* von 1970) zum Thema haben, weil sie viele Christen in konfessionsverschiedenen Ehen unmittelbar betreffen. Grundlegend für die weitere ökumenische Arbeit der katholischen Kirche ist die Enzyklika „Ut unum sint" (1995) von Papst Johannes Paul II. geworden, in der er die Unumkehrbarkeit des ökumenischen Weges für die katholische Kirche betont. Zugleich bekommt Ökumene für ihn eine besondere Dringlichkeit angesichts des neuen Jahrtausends. Der Papst erklärt seine Bereitschaft, einen „brüderlichen, geduldigen Dialog" über das Papstamt (als größtes Einheitshindernis) mit den anderen Kirchen aufzunehmen. Er unterstreicht, dass die Wiederherstellung der vollen Einheit der Kirche für die Glaubwürdigkeit der Verkündigung des Evangeliums entscheidend sei. Deshalb ruft er dazu auf, die ökumenische Zusammenarbeit im sozialen und kulturellen Leben zu intensivieren.

Von großer Bedeutung ist daher die enge Kooperation der Kirchen im politisch-ethischen, sozial-caritativen, schulischen und im Öffentlichkeitsbereich. So gibt es z. B. ein gemeinsames Wort „Zur wirtschaftlichen und sozialen Lage in Deutschland" (1994), das zusammen von den beiden großen deutschen Kirchen verantwortet wird. Die Ökumene bzw. die ökumenische Bewegung erhält nicht nur mit Blick auf die hohe Zahl an konfessionsverschiedenen Ehepaaren, sondern vor allem hinsichtlich eines gemeinsamen christlichen Zeugnisses der Kirchen vor der Welt eine besondere Dringlichkeit und Notwendigkeit. Um der Glaubwürdigkeit dieses Zeugnisses willen müssen die noch offenen Fragen nüchtern thematisiert und gelöst werden.

4. Die kontroversen Themen

(1) Einheit

Was heißt „Einheit" der Kirche?

Im nizäno-konstantinopolitanischen Glaubensbekenntnis (*→„Symbolum"*) ist die Rede von der *„einen*, heiligen, katholischen und apostolischen Kirche", deren Existenz geglaubt wird. Wir haben schon gesehen: Die meisten christlichen Konfessionen bekennen sich zu diesem Glaubensbekenntnis und damit auch zu dieser Aussage (s. o. S. 17). Wie kann aber eine solche Aussage von Christen gemeinsam gesprochen oder gebetet werden, wenn die christlichen Kirchen offensichtlich *nicht eins* sind? Und welchen Sinn ergibt es, wenn Christen verschiedener Konfessionen diese Aussage gemeinsam sprechen, obwohl einzelne Kirchen der Überzeugung sind, sie allein seien mit der im Glaubensbekenntnis bekannten Kirche Jesu Christi identisch? Auch wenn die meisten christlichen Kirchen einen solchen Anspruch nicht (mehr) ausdrücklich erheben, geht fast jede davon aus, die theologisch angemessenere bzw. die „biblischere" Verwirklichung der im altkirchlichen Bekenntnis geglaubten Kirche zu sein. Wie kann man theologisch dem Dilemma zwischen der *einen Kirche* des Glaubensbekenntnisses und der tatsächlichen Existenz zahlreicher *Kirchen* entkommen bzw. dieses Dilemma erhellen?

Die römisch-katholische Kirche war bis zu ihrem Erneuerungskonzil, dem II. Vatikanum (1962–1965), fest davon überzeugt, mit der im Glaubensbekenntnis genannten Kirche Jesu Christi völlig identisch zu sein. Man formulierte es folglich so: Die römisch-katholische Kirche *ist* die Kirche Jesu Christi. Alle anderen Konfessionen konnten von daher nicht „Kirche" im wahrsten Sinne des Wortes sein.

Mit dem II. Vatikanum gab die katholische Kirche diese Lehre auf. Die Bischöfe wollten zwar die traditionelle Lehre beibehalten, dass die im Symbolum geglaubte Kirche nur eine einzige konkrete Existenzform hat, die römisch-katholische, doch zugleich wussten sie ebenso um die Unzulänglichkeiten dieser Existenzform wie um viele Elemente wahrer und echter Kirchlichkeit in den anderen Formen des Christlichen, in den anderen Gemeinschaften. Beide Einsichten verbanden sie zu der folgenden Aussage:

> Die Kirche des Glaubensbekenntnisses „ist verwirklicht (lat. subsistit) in der katholischen Kirche, die vom Nachfolger Petri und von den Bischöfen in Gemeinschaft mit ihm geleitet wird" (LG 8).

Diese Formel schwächt entschieden den Anspruch der Deckungsgleichheit zwischen der geglaubten und der römisch-katholische Kirche ab: Eine reale Entsprechung zwischen beiden ist zwar nach wie vor auf einzigartige Weise gegeben hinsichtlich der sichtbaren Struktur (Verfassung, sakramentale Ordnung und Ähnliches), nicht aber unbedingt hinsichtlich der geistlichen Elemente der geglaubten Kirche. Was die geistliche Lebendigkeit, das Leben in Glaube, Hoffnung und Liebe angeht, so bleiben grundsätzlich alle Kirchen hinter dem Vollmaß zurück, haben aber auch alle in je unterschiedlicher, von vornherein nicht zu bemessender Weise Anteil. Folgerichtig sagt das „Dekret über den Ökumenismus",

> „dass einige, ja sogar viele und bedeutende Elemente oder Güter, aus denen insgesamt die Kirche erbaut wird und ihr Leben gewinnt, auch außerhalb der sichtbaren Grenzen der katholischen Kirche existieren" (Nr.3),

aber ebenso heißt es:

> „Obgleich nämlich die katholische Kirche mit dem ganzen Reichtum der von Gott geoffenbarten Wahrheit und der Gnadenmittel beschenkt ist, ist es doch Tatsache, dass ihre Glieder nicht mit der entsprechenden Glut daraus leben" (Nr.4).

Das Konzil unterscheidet zwar zwischen geistlichen und strukturellen Momenten der Kirche, doch differenziert es hinsichtlich der Letzteren noch einmal: Je deutlicher die für das Kirchesein notwendigen „sichtbaren Elemente“ in einer nicht-römisch-katholischen Kirche vorhanden sind, desto näher steht sie der Vollform von Kirche. Das Konzil unterschied deshalb auch bewusst zwischen den *Kirchen* des Ostens (Orthodoxe) und den *kirchlichen Gemeinschaften* der reformatorischen Tradition.

Jedenfalls hatte die neue theologische Sicht ihre Folgen. Zum einen konnte man die „Getrennten“ nicht mehr durchweg mit „Häretikern“ und dem Unheil ausgelieferten Christen in eins setzen. Zum anderen war die römisch-katholische Kirche irgendwie auf die „Getrennten“ angewiesen, um selber zur geistlichen Fülle zu kommen. Schließlich war der „Rückkehr-Ökumene“ der endgültige Abschied zu geben. Die bestehenden Kirchen können nicht einfach in einer anderen bestehenden Kirche aufgehen, sondern müssen gemeinsam die eigenen Mängel beseitigen, die Schätze der anderen sich zu eigen machen und „auf der Ebene der Gleichheit“ (UR 8) den Weg zu Partnerschaft und Einheit gehen.

Seither ist noch viel deutlicher als zu Konzilszeiten geworden, dass tatsächlich niemals die Einheit der im Symbolum geglaubten Kirche verloren gegangen ist. Die Spaltung hat die sichtbare Einheit der Kirche schwer getroffen, aber sie hat nie die gemeinsame Wurzel zerstört. Die gegenwärtige Theologie ist davon überzeugt, dass es sowohl unsichtbare als auch sichtbare „Bande der Gemeinschaft“ gibt, die trotz der geschichtlichen Kirchenspaltung weiterhin fortbestehen. Diese „Bande“ haben die Gemeinschaft zwischen den Kirchen vor einer weitgehenden Zerstörung bewahren können, weil sie derart grundlegend sind, dass selbst scharfe und schmerzliche Trennungen unter Christen sie nicht zunichte machen.

Solche grundlegenden Gemeinsamkeiten lassen sich vor

allem in dem von allen christlichen Kirchen gehaltenen *Bekenntnis des dreifaltigen Gottes* erkennen, das im Symbolum zum Ausdruck kommt. Es fußt selbst wiederum auf dem allen Kirchen gemeinsamen grundlegenden Zeugnis der *Heiligen Schrift*. Auch das Sakrament der *Taufe* wird von den meisten christlichen Konfessionen anerkannt, gelehrt und praktiziert. Bei Übertritten von einer Kirche in eine andere (→*Konversion*) wird eine erneute Taufe von vielen Konfessionen abgelehnt, weil es nur die *eine* Taufe gibt. Darüber hinaus ist diese enge geistliche Gemeinschaft zwischen den Kirchen im Zeitalter der Ökumene durch gemeinsames *Beten* und Feiern des *Gottesdienstes* vertieft worden. Zudem gibt es gemeinsame „Bande" im *Dienst* an der Welt und den Menschen, den alle christlichen Kirchen als ihren göttlichen Auftrag und ihre Christenpflicht ansehen.

Diese zahlreichen grundlegenden Gemeinsamkeiten bringen zum Ausdruck, dass es trotz der anhaltenden Trennungen in der Christenheit eine nie verlorengegangene *grundlegende kirchliche Einheit* und *Gemeinschaft* unter allen Christen bzw. Konfessionen gibt, die nicht nur unsichtbar, sondern auch an vielen Stellen schon (oder noch immer) sichtbar vorhanden sind.

Was bedeutet das nun für das bereits erwähnte Dilemma zwischen der im Glaubensbekenntnis bekannten einen Kirche und den zahlreichen tatsächlich existierenden Kirchen? Die *eine* Kirche des Glaubensbekenntnisses ist eine von allen Christen gemeinsam (!) geglaubte Wirklichkeit (und kein Phantasieprodukt), die seit Christi Tod und Auferstehung existiert und die trotz der geschichtlichen Trennungen innerhalb der Christenheit fortbesteht. Dennoch ist diese eine Einheit der Kirche nicht so sichtbar, wie sie vor den Trennungen zum Ausdruck kam. Dies liegt eben daran, dass ihre *sichtbare* Einheit zu einem großen Teil (aber nicht völlig) verlorengegangenen ist. Wenn z. B. Christen unterschiedlicher Konfessionen zum gemeinsamen Beten oder Gottesdienst – wenn auch (noch) nicht zur gemeinsamen

Eucharistie- oder Abendmahlsfeier – zusammen kommen, dann wird die Realität der einen Kirche zumindest teilweise und für den Augenblick sichtbar. Dann lässt sich erfahren, dass der Zustand der sichtbaren Trennung ein anormaler ist und ausschließlich vorübergehend sein darf. Beim gemeinsamen Beten und Gottesdienst lässt sich aber nicht nur erfahren, dass die Kirchen ein großes Stück auf dem Weg zur vollen sichtbaren Einheit vorangekommen sind. Es wird ebenso schmerzlich deutlich, dass noch keine volle (sichtbare) Einheit der Kirche besteht, solange nicht auch das Mahl des Herrn (Eucharistie; Abendmahl) gemeinsam gefeiert werden kann als tiefstes Zeichen der Gemeinschaft von Christen untereinander vor und mit dem dreieinigen Gott.

Ist die eine Kirche „heilig"?

Die Kirchen haben auf ihrem Weg zu der von Gott gewollten Einheit einen Maßstab an der Hand, mit dem sie die bereits gegebene Einheit immer stärker sichtbar machen können (und müssen). Diesen Maßstab bilden die drei anderen Eigenschaften, die der einen Kirche im Glaubensbekenntnis zugeschrieben werden. Diese sind *Heiligkeit*, *Katholizität* und *Apostolizität*.

Was heißt hier *Heiligkeit*? Christen (und Juden) sind überzeugt davon, dass diese Eigenschaft im strengen Sinne des Wortes allein Gott zukommt. Niemand anders ist heilig als Gott. Das erste der zehn Gebote spiegelt diese Überzeugung wider:

> „Ich bin der Herr, dein Gott, der ich dich aus Ägyptenland, aus der Knechtschaft, geführt habe. Du sollst keine anderen Götter haben neben mir" (Ex 20,2–3).

Gott allein ist also heilig. Weil Jesus Christus nach gemeinsamem christlichem Glauben wahrer Gott ist, kommt auch ihm diese Heiligkeit zu. In einem abgeleiten Sinn nennt die

Heilige Schrift *heilig* auch alle geschöpflichen Wirklichkeiten, die mit Gott bzw. Jesus in lebendigen und gnadenhaften Kontakt gekommen sind. Dazu gehören Menschen, Dinge und auch Institutionen wie die Kirche. Als „Kirche Jesu Christi" ist sie von ihm ins Leben gerufen, existiert durch ihn und führt sein Werk fort. Daher ist sie auch berührt und geprägt von seiner Heiligkeit, so dass sie selber einem abgeleiteten Sinn *heilig* heißen kann. Das verlangt Konsequenzen auch im ethischen Verhalten, doch sind diese nicht letztentscheidend: Auch eine Gemeinschaft von Glaubenden, die alle Sünder sind, vermag noch *heilige Kirche* zu sein. Es versteht sich, dass ihre Zeugniskraft für die Menschen um so größer wird, je mehr ihre göttliche Berufung zur Heiligkeit ihrem tatsächlichen Verhalten entspricht. Heiligkeit ist unter diesem Aspekt eine *Gabe*, die stets *Aufgabe* der Kirche ist.

Ist die eine Kirche „katholisch"?

Ein weiterer Maßstab für die Einheit der Kirche ist ihre *Katholizität*. Das aus dem Griechischen entlehnte Wort *katholisch* bedeutet „allumfassend", „vollkommen", „in Fülle existierend". Auf die Kirche bezogen deutet es an, dass dieser die ganze Fülle der Wahrheit und der Gnade Christi geschenkt ist und dass sie diese Gaben der ganzen Schöpfung zuteil werden lassen soll. Auch hier ist zu bemerken: Diese Gabe ist auch Aufgabe. In der Kirche, ihrem Glauben, ihrer Lehre, ihrer Weltzuwendung darf es keinerlei Verengung und Verkürzung geben. Niemanden darf sie ausgrenzen, Juden nicht und Heiden nicht, Männer nicht und Frauen nicht, Arme so wenig wie Reiche (vgl. Gal 3,28). Eine Einheitsvorstellung, die auf irgendeinem Ausschluss beruhte, wäre nicht katholisch; eine solche Kirche würde der Vorgabe also nicht gerecht, die die Einheit in christlichem Verständnis fordert.

Der dritte Maßstab für die Einheit der Kirche ist ihre *Apostolizität*. Der Begriff sagt, dass die Kirche von den Aposteln herkommt und auf sie bezogen ist. Der neutestamentliche Gebrauch des Begriffes „Apostel" (dt. „Gesandte") variiert allerdings ziemlich stark. Er kann den symbolischen Zwölfer-Kreis (in Entsprechung zu den zwölf Stämmen Israels) der Jünger Jesu meinen, oder wie bei Paulus alle diejenigen umfassen, die den Auferstandenen bezeugen können und von ihm gesandt sind, das Evangelium zu verkünden. Der Apostelbegriff enthält daher viele Komponenten, so etwa die Vorstellungen von Boten und Gesandten im profanen Sinne, aber auch von symbolischen Repräsentanten des neuen Gottesvolkes sowie von bevollmächtigten Beauftragten für die Verkündigung des Evangeliums.

In der weiteren Kirchengeschichte wird deutlich, dass die Apostel die entscheidende Brücke zwischen Jesus Christus und der späteren Kirche bilden. Die Apostel sind die einzigen Zeugen von Leben und Weiterleben Christi. Nur über ihre und ihrer Schüler Schriften kommen wir mit dem Auferstandenen in historischen Kontakt. Die Kirche der Folgezeit kann ihren Bezug zu Christus nur bewahren, wenn sie in ihrer Überlieferung („Tradition") ständig auf Zeugnis und Lehre der Apostel bezogen bleibt.

Diese Erkenntnis war für die Theologen in der Kirche der ersten Jahrhunderte von großer Bedeutung. Zunehmend machten Irrlehren, vor allem die Geheimlehren der → *Gnosis*, der Kirche in der Bewahrung des überlieferten Glaubens zu schaffen. Notwendig und hilfreich war es in dieser Situation, auf eine persönliche und inhaltliche *Kontinuität* mit den Aposteln bzw. ihren beglaubigten Nachfolgern und ihren öffentlichen Schriften verweisen zu können, um die gnostischen Lehren, die sich zwar ebenfalls auf die Apostel, aber auf Zeugnisse aus angeblich geheimen Quellen beriefen, abwehren zu können.

Daher kam es, dass zur Sicherstellung des rechten „apostolischen", d. h. von den Aposteln kommenden Glaubens einer Gemeinde der Nachweis von dem/den amtlichen Vorsteher(n) erbracht werden musste, in persönlicher und inhaltlicher Kontinuität mit (mindestens) einem Apostel zu stehen. Die bis zu ihnen zurückreichende persönliche Nachfolge im Amt des Vorstehers einer Gemeinde bzw. Kirche *(„bischöfliche →Sukzession")* wurde so zum Maßstab für die vor der Gesamtkirche zu verantwortende Rechtgläubigkeit dieser einzelnen Kirche oder Gemeinde. Wichtig ist dabei die Dimension der *Gesamtkirche*. Wenn man sich in einer Gemeinde oder Ortskirche auf die Apostel berief, wollte man im Glauben und im beauftragten Amt der Verkündigung mit der Gemeinschaft der Gesamtkirche verbunden sein und zu ihr gehören.

Als „apostolisch" galt und gilt folglich nicht nur das, was einstmals die Apostel wortwörtlich gelehrt hatten. „Apostolisch" war und ist auch das, was die Gesamtkirche jeweils hier und heute auf der Grundlage des Glaubens der Apostel unter Leitung des Geistes Gottes als „apostolisch", d. h. als „wahr" erkennt.

Das bedeutet, dass die ganze Kirche „apostolisch" ist. Weil aber die ganze Kirche apostolisch ist, kommt diese Eigenschaft auch allen ihren wesentlichen Teilen zu, so vor allem dem Amt. Dies ist aber nur der Fall, insoweit sich das Amt nicht aus dem Glaubenskonsens der Gesamtkirche entfernt, der es ja zu dienen hat.

Weil der Glaube der fundamentale Grund der kirchlichen Einheit ist, wird das Maß der Apostolizität einer kirchlichen Gemeinschaft auch zum Kriterium ihres Stehens in der Einheit der Gesamtkirche.

Im 16. Jahrhundert entwickelte sich die Lehre von der Rechtfertigung zum Kernpunkt des apostolischen Glaubens. Nach ihrem Verständnis entschied sich daher auch das Kriterium der Apostolizität.

Die *Reformatoren* sahen das den Aposteln übergebene Evangelium in der katholischen Kirche verdunkelt, obwohl diese doch an der apostolischen Amtsnachfolge festgehalten hatte. Die Reformatoren standen also vor dem Dilemma, entweder ihre Erkenntnis des apostolischen Evangeliums zurückzunehmen, um die Einheit der Kirche nicht zu gefährden, oder einen Bruch mit der „alten" Kirche hinzunehmen, um das Evangelium, wie sie es verstanden, zu retten und zu bewahren. Sie entschieden sich für Letzteres, nachdem sie zuvor vergeblich versucht hatten, die Amtsträger der Kirche für ihr Verständnis des Evangeliums und für die neu entstandenen evangelischen Gemeinden zu gewinnen. In diesem Fall hielten sie den Bruch mit Rom für unvermeidlich, weil das in der Heiligen Schrift bezeugte Evangelium über dem Amt stehe und das Amt diesem zu dienen habe und nicht umgekehrt.

Für das Kirchen- und Amtsverständnis bedeutet eine solche Überzeugung eine entscheidende Konsequenz: Legitimität und Apostolizität der Kirche lassen sich letztlich nicht von den Grundsätzen der sichtbaren geschichtlichen Kontinuität und Tradition der Kirche und ihres Amtes her bestimmen, sondern vom richtigen Verständnis des allein in der Heiligen Schrift (→ *„Sola scriptura"*) bezeugten („apostolischen") Evangeliums.

Die Katholiken vertreten dagegen bis heute einen Apostolizitätsbegriff, der den entscheidenden Maßstab darin hat, ob eine Kirche in der „apostolischen" Gemeinschaft mit dem Papst steht. Den von Rom getrennten Kirchen fehlt es folglich an der vollen Apostolizität.

Dazu beruft man sich auf die Argumentation des Kirchenvaters Irenäus von Lyon († um 202). Wir kennen schon die antignostische Argumentation der Berufung auf die Apostelsitze, um die Rechtgläubigkeit feststellen zu können. Irenäus schlägt ein abgekürztes Verfahren vor: Statt mühsam bei allen apostolischen Kirchen nachzuforschen, reicht es aus, sich an der Kirche von Rom zu orientieren. Ihre Gründer sind gleich zwei Apostel (Petrus und Paulus); sie gehört zu den größten, ältesten, bekanntsten Gemeinden. Apostolisch ist, meint Irenäus, wer mit der römischen Kirche Gemeinschaft hat.

Diese Überprüfung wurde allerdings im Laufe der Zeit immer formaler. Die eigentlich entscheidende Frage nach der Bewahrung des apostolischen Ursprungs einer Kirche und ihrer Lehre trat in den Hintergrund. Zur Überprüfung stand ausschließlich, ob die Amtsträger einer Kirche in voller Gemeinschaft mit dem Bischof von Rom stehen. Dies mussten die Kirchen der Reformation selbstverständlich verneinen.

Die *heutige römisch-katholische Theologie* ist zu einem umfassenderen Verständnis der Apostolizität der Kirche zurückgekehrt. Dabei nimmt die inhaltliche und gesamtkirchliche Seite der Apostolizität, d. h. was als „apostolisch" von der Gesamtkirche geglaubt wird, den Vorrang ein. Die Nachfolge im apostolischen Amt hat der Bewahrung des apostolischen Glaubens der Gesamtkirche zu *dienen*.

Die Frage, ob eine Teilkirche „apostolisch" ist, hängt somit ebenso entscheidend von ihrer Bewahrung des „apostolischen" Glaubens der Gesamtkirche ab, wie von der gesicherten Nachfolge im (apostolischen) Amt der Sendung. Drei Kriterien helfen zur Entscheidung, ob eine Kirche „apostolisch" ist:

1. *Überlieferung* [lat. „traditio"]: „Apostolisch" ist diejenige kirchliche Überlieferung, die in unverkürzter Übereinstimmung mit der Glaubenslehre und -praxis der Apostel steht.

2. *Gemeinschaft* [lat. „communio"]: Die Verantwortung

für die Weitergabe bzw. Überlieferung des apostolischen Glaubens trägt die Gesamtkirche als weltweite Gemeinschaft der Ortskirchen. Letztere sind „apostolisch", insofern sie untereinander Gemeinschaft im apostolischen Glauben halten.

3. *Nachfolge* [lat. „successio"]: Die Nachfolge im kirchlichen Amt hat die Apostolizität des Glaubens der Gesamtkirche zu schützen und zu bewahren. Die Amtsnachfolge steht damit als ein Zeichen und Werkzeug für diesen gesamtkirchlichen Glauben im Dienst an der Apostolizität der Kirche. Insofern das Amt dies tut, ist es „apostolisch".

Für die *orthodoxe Theologie* ist die Verbindung von Heiligem Geist und Apostolizität entscheidend. So wie der Heilige Geist in den ersten Jahrhunderten die Kirchenväter in ihrer theologischen Auseinandersetzung mit den Irrlehren leitete und das Zeugnis ihrer Lehre und Praxis zum Ausdruck der apostolischen Überlieferung machte, so leitet der Geist die Kirche noch heute. Er erhält sie in ihrer Apostolizität in Gottesdienst, Lehre und Leben der Kirchen(mit)glieder.

Eine Reduzierung des Maßstabes der Apostolizität auf die Frage nach der Gemeinschaft mit dem Papst wird abgelehnt, weil für die orthodoxe Theologie der Geist Gottes in jedem Teil und in jedem Gläubigen der Kirche gleicher Weise anwesend ist und es folglich keine innerkirchlichen „Abstufungen" im Bewahren apostolischer Wahrheit gibt.

Daher kann die orthodoxe Theologie die Kirche als eine *„geistgeleitete Versammlung"* [russ. *sobornost'*] bezeichnen, die – geeint in Jesus Christus – ihre vom Geist Gottes gewirkte Vielfalt in der einen Wahrheit bewahrt. Katholizität bedeutet daher *Einheit in Vielfalt*. Eine solche Katholizität ist weder streng zentralistisch-hierarchisch aufgebaut noch funktioniert sie nach demokratischen Spielregeln. Man könnte sie stattdessen als „Einmütigkeit (in) der Liebe" von Amtsträgern und Volk bezeichnen.

Für die orthodoxe Theologie kann daher die Kirche des

Glaubensbekenntnisses weder *allein* vom (recht verstandenen) Evangelium her bestimmt werden (reformatorisch) noch ist für sie die Gemeinschaft mit dem Papst ausschlaggebend (römisch-katholisch). Vielmehr kommt es ihr auf die geistgewirkte „Qualität" der Kirche als Gemeinschaft von Kirchen an, in denen die Fülle der Offenbarung dem ganzen Volk mitgeteilt und gegenwärtig ist. Diese Qualität macht sie zur „einen, heiligen, katholischen, apostolischen" Kirche.

Wie soll die Einheit der Kirche zukünftig aussehen? Vorstellungen aus der ökumenischen Bewegung

Zu Beginn der modernen ökumenischen Bewegung am Ende des 19. Jahrhunderts war nicht die sichtbare Einheit der Kirche das anvisierte Ziel der ersten überkonfessionell engagierten Generation. Vielmehr wollten die großen innerprotestantischen Bewegungen und Bünde (z. B. *Evangelische Allianz*; *Christlicher Verein Junger Männer*) eine große geistliche Einheit unter allen Christen erreichen, indem sie über den Tellerrand der eigenen Konfession und Gegend hinausschauten, um sich mit (vorerst ausschließlich protestantischen) Gleichgesinnten zu Jesus Christus zu bekennen und sich gemeinsam an der Ausbreitung des Reiches Gottes auf Erden zu beteiligen. Die Mitarbeit von Katholiken an diesem ökumenischen Anliegen lag aufgrund des exklusiven römisch-katholischen Kirchenverständnisses noch in weiter Ferne.

Zur gleichen Zeit schlossen sich mehrere Konfessionsfamilien (u. a. Lutheraner, Reformierte) zu Weltbünden zusammen, weil sie ihre Abgrenzungen zugunsten einer weltumspannenden Katholizität überwinden wollten. Dies blieb allerdings noch im eigenen konfessionellen Rahmen.

Zu Beginn des 20. Jahrhunderts wurde von der Bewegung für praktisches Christentum und der Internationalen Missionsbewegung der Vorschlag gemacht, die Zusammenarbeit der Kirchen auf sozialem, missionarischem und erzieherischem Gebiet voranzutreiben und dabei die Unterschiede in Lehre und Kirchenstruktur auszuklammern.

Dazu bot es sich an, diese Art der Gemeinschaft in Form einer *Föderation*, d. h. eines losen Kirchenbundes, zu organisieren. Inhaltlich reichte als gemeinsame Glaubensgrundlage die Anerkenntnis der Offenbarung Gottes in der Heiligen Schrift und der Glaube an Jesus Christus als Herrn und Heiland.

Ein solcher „kleinster gemeinsamer Nenner" rief den Protest der anglikanischen, orthodoxen und zum Teil auch lutherischen Kirchen hervor, die eine Vertiefung und Verbreiterung der gemeinsamen apostolischen Glaubensgrundlage der ökumenischen Bewegung forderten. Zudem wollten sie auch die konfessionellen Kirchenstrukturen thematisiert wissen.

Hinter beiden „Lagern" standen letztlich unterschiedliche Vorstellungen über die zukünftige Form des Miteinanders der christlichen Konfessionen. Orthodoxe und viele Anglikaner sowie einige Lutheraner waren der Überzeugung, es müsste eine Verschmelzung zu einer Art zusammenhängendem „Organismus" (s. weiter unten den Begriff „organische Einheit", S. 66) der verschiedenen Kirchen geben, in deren Mittelpunkt die gemeinsame Feier des Abendmahls (Eucharistie) zu stehen habe. Den meisten Protestanten hingegen reichte der lose Zusammenschluss in Form eines Kirchenbundes (*Föderation*), obwohl auch sie die gemeinsame Feier des Abendmahls zum wesentlichsten Zeichen einer Einigung der Kirchen erklärten.

Weil sich der 1948 gegründete Ökumenische Rat der Kirchen nicht als eine Art neuer „Superkirche" verstehen wollte, sondern die Einigungsbemühungen zwischen den Kirchen zu unterstützen beabsichtigte, wählte man faktisch das föderative Modell des losen Zusammenschlusses verschiedenster Kirchen und kirchlicher Gemeinschaften. Diese sollten aber nicht proportional zu ihrer Stärke Vertreter zum ÖRK entsenden, sondern als Orts- und Regionalkirchen die verschiedenen geographischen Regionen der Welt repräsentieren. Die im Vergleich sehr große römisch-katholische Kirche strebt bis jetzt eine Mitgliedschaft im ÖRK nicht an.

Bis zu Beginn der fünfziger Jahre war die Diskussion des ÖRK dadurch geprägt, dass man lediglich die unterschiedlichen Kirchen- und Einheitsvorstellungen der verschiedenen Mitgliedskirchen verglich. Dies änderte sich 1952 auf der *Weltkonferenz für Glauben und Kirchenverfassung* in Lund, als ein neuer Konsens in der Frage der Einheit der Kirche auftauchte:

> „Wir sind einhellig der Meinung, daß es nicht zwei Kirchen gibt, die eine sichtbar und die andere unsichtbar, sondern eine Kirche, die hier auf Erden sichtbar werden muß."[3]

Die entscheidende Frage ist allerdings, wie eine solche sichtbare Einheit der Kirche auszusehen hat. Dass sie katholisch (vielfältig in ihrer Einheit) *und* apostolisch (rückverwiesen auf das Glaubensfundament der Apostel) zu sein habe, wird vom ÖRK seit seiner Vollversammlung in Neu-Delhi 1961 ausdrücklich bekannt und anerkannt. Auf dieser Vollversammlung erscheint die Vorstellung von der einen Kirche aber noch konkreter:

> Sie wird von anglikanischer und orthodoxer Seite verstanden im Sinne einer →„*organischen Einheit*" („organic union"; vgl. die Formulierung „zusammenhängender Organismus", S. 65) als „völlig verpflichtete Gemeinschaft" von „allen an jedem Ort", „die sich zu dem einen apostolischen Glauben bekennt, das eine Evangelium verkündet, das eine Brot bricht, sich im gemeinsamen Gebet vereinigt und ein gemeinsames Leben führt, das sich in Zeugnis und Dienst an alle wendet".[4]

Allerdings glückte eine solche „organische Einheit" in nur sehr begrenztem Maße an wenigen Orten. So lassen sich für die Verwirklichung des Modells allenfalls die *Kirche von Südindien* und die *Kirche von Nordindien* anführen, in denen verschiedene, nicht jedoch alle protestantischen Kirchen dieser Regionen aufgegangen sind.

Ende der sechziger, verstärkt aber zu Beginn der siebziger Jahre kam daher im ÖRK der Gedanke der *Konziliarität* auf. Dieser Begriff will eine entscheidende Dimension des Wesens der Kirche vor allem vor Ort aber auch weltweit beschreiben. Die Kirche bedarf ständig repräsentierender Versammlungen von Gläubigen aus verschiedenen christlichen Traditionen. In einer solchen Versammlung geschieht Kirche, denn sie ist ja nach reformatorischem (aber auch als katholisch akzeptablem) Verständnis „Versammlung der Gläubigen" (lat. →*congregatio fidelium*). Umstritten blieb jedoch die genaue Zuordnung des Begriffs der Konziliarität zum Begriff der Einheit. Ist ein gemeinsames Konzil aller christlichen Konfessionen ein Weg und Mittel, um zur vollen Einheit zu gelangen, oder soll ein Konzil erst dann stattfinden, wenn die Einheit der Kirchen bereits erreicht ist, um dieser Einheit ihren Ausdruck zu geben? Diese Frage blieb weiter offen. Dennoch lässt sich sagen, dass mit der offiziellen Aufnahme des Gedankens der Konziliarität durch den ÖRK auf seiner Vollversammlung in Nairobi 1975 die Vorstellung von der Einheit der Kirche dynamischer wurde.

Zu Beginn der siebziger Jahre entstand in den konfessionellen Weltbünden, vor allem im Lutherischen Weltbund, eine Vorstellung von Einheit, die als →*„versöhnte Verschiedenheit"* bekannt wurde. Mit diesem Modell soll die Bedeutung der verschiedenen Konfessionen innerhalb einer zukünftigen Einheit der Kirche aufgewertet werden. Die Konfessionen haben nach dieser Vorstellung bleibende Bedeutung und müssen bzw. dürfen nicht überwunden werden, weil sie auf ihre jeweils eigene und *legitime* Weise, den christlichen Glauben in einem spezifischen Bekenntnis verbindlich auszudrücken versuchen. Damit ist aber nicht gesagt, dass die Konfessionen in einer zukünftigen „versöhnten Verschiedenheit" nicht aufeinander angewiesen sind und nichts voneinander lernen könnten. Vielmehr werden sie sich als gegenseitige Ergänzung und Bereicherung verstehen und akzeptieren.

Das Modell der „versöhnten Verschiedenheit“ gewann in den siebziger und achtziger Jahren im Protestantismus zunehmend an Bedeutung. So entstand 1973 auf europäischer Ebene die →*Leuenberger Konkordie* (lat. „[herzliches] Einvernehmen“) von lutherischen, reformierten, und unierten Kirchen. Diese im Bekenntnis unterschiedenen protestantischen Kirchen erklärten sich gegenseitig volle Kanzel- und Abendmahlsgemeinschaft, die eine gegenseitige Austauschbarkeit der verschiedenen Amtsträger und die wechselseitige volle Teilnahme an Abendmahlsfeiern einer Kirche umfasst. Die Vereinbarung kam zustande allein auf der Grundlage des gemeinsamen Verständnisses des Evangeliums. Allerdings mussten zuvor die gegenseitigen Verurteilungen in der Abendmahlslehre, der Christologie und der Auserwählungslehre als den anderen Partner nicht mehr treffend erklärt werden! Die daraus entstandene *Leuenberger Kirchengemeinschaft* beabsichtigt aber eben nicht, die an ihr beteiligten Konfessionen zu überwinden, um eine einheitliche Kirche zu schaffen, sondern will bewusst die unterschiedlichen Ausformungen des Christentums in ihr belassen. Damit entspricht sie dem Modell der „versöhnten Verschiedenheit“ (vgl. Text S. 70/71).

Als 1992 im finnischen Porvoo eine Erklärung zur vollen Kirchengemeinschaft von britischen Anglikanern und skandinavisch-baltischen Lutheranern getroffen und wenige Jahre später unterzeichnet wurde (→*Porvooer Gemeinsame Feststellung*), war man sich darüber im Klaren, diese Kirchengemeinschaft nicht nur auf der Grundlage eines gemeinsamen Evangeliumsverständnisses (wie bei der Leuenberger Konkordie) erreicht zu haben, sondern auch aufgrund eines gemeinsamen Apostolizitäts- und Amtsverständnisses. Eine ähnliche Vereinbarung ist mittlerweile auch in Nordamerika zwischen Lutheranern und Anglikanern in Kraft getreten (*Waterloo-Erklärung*).

Der entscheidende Unterschied dieser beiden Erklärungen zur Leuenberger Konkordie ist, dass bei einer Beteiligung von Anglikanern an innerprotestantischen Vereinbarungen über Kirchengemeinschaft das historische Bischofsamt eine größere oder sogar die entscheidende Rolle spielt. Dies liegt daran, dass zahlreiche anglikanische Kirchen in ihrem Kirchen- und Amtsverständnis eher „katholisch“ denken und von daher größeren Wert auf die Amtsfrage legen als andere protestantische Kirchen. Daher ist für viele Anglikaner neben einem gemeinsamen Evangeliumsverständnis für eine Einheit der Kirchen auch eine grundsätzliche Übereinstimmung im Apostolizitätsbegriff, einschließlich der Amtsfrage, notwendig.

Römisch-katholischerseits gab es lange Zeit kein ökumenisch überzeugendes Modell für die von der katholischen Kirche besonders betonte Sichtbarkeit der Einheit der Kirche. Mit dem Zweiten Vatikanischen Konzil setzte allerdings eine Dynamik im theologischen Denken ein, die es ermöglichte, sich auch auf die protestantischen Vorstellungen und Modelle kritisch einzulassen, ohne dabei eigene Vorgaben aufgeben zu müssen.

„Versöhnte Verschiedenheit“: Ein ökumenischer Durchbruch?

Seit der Unterzeichnung der *Gemeinsamen Erklärung zur Rechtfertigungslehre* von Lutherischem Weltbund und Römisch-Katholischer Kirche in Augsburg 1999 sprechen beide Seiten offiziell in einem Zusatzdokument (*Gemeinsame Offizielle Feststellung*, Nr. 3) von einer anzustrebenden „vollen Kirchengemeinschaft“. Eine solche volle Kirchengemeinschaft soll eine „Einheit in Verschiedenheit“ zum Ausdruck bringen, „in der verbleibende Unterschiede miteinander ‚versöhnt‘ würden und keine trennende Kraft mehr hätten“. Damit will man der Erkenntnis Rechnung tragen, dass die Einheit der Kirche keine einander widerspre-

(Einführung:)

1. Die dieser Konkordie zustimmenden lutherischen, reformierten und aus ihnen hervorgegangenen unierten Kirchen sowie die ihnen verwandten vorreformatorischen Kirchen der Waldenser und der Böhmischen Brüder stellen aufgrund ihrer Lehrgespräche unter sich das gemeinsame Verständnis des Evangeliums fest, wie es nachstehend ausgeführt wird. Dieses ermöglicht ihnen, Kirchengemeinschaft zu erklären und zu verwirklichen. Dankbar dafür, daß sie näher zueinander geführt worden sind, bekennen sie zugleich, dass das Ringen um Wahrheit und Einheit in der Kirche mit Schuld und Leid verbunden war und ist.

2. Die Kirche ist allein auf Jesus Christus gegründet, der sie durch die Zuwendung seines Heils in der Verkündigung und in den Sakramenten sammelt und sendet. Nach reformatorischer Einsicht ist darum zur wahren Einheit der Kirche die Übereinstimmung in der rechten Lehre des Evangeliums und in der rechten Verwaltung der Sakramente notwendig und ausreichend. Von diesen reformatorischen Kriterien leiten die beteiligten Kirchen ihr Verständnis von Kirchengemeinschaft her, das im folgenden dargelegt wird.

chenden konfessionellen Trennungen erlaubt, aber zugleich auch Raum lässt für eine lebendige Vielfalt des Christlichen und Konfessionellen. Keine Seite wird dazu gezwungen, zugunsten einer falschen *Einheitlichkeit* für sie wichtige Vorstellungen auf einem „Altar der Einheit" zu opfern.

Dies hat eine große Bedeutung für die zukünftige Ökumene insgesamt. Zwei große Konfessionen, die Römisch-Katholische Kirche und die Lutherischen Kirchen, können mit dem Modell der „vollen Kirchengemeinschaft" das

(Zur Rechtfertigungslehre:)

10. Gott ruft durch sein Wort im Heiligen Geist alle Menschen zu Umkehr und Glauben und spricht dem Sünder, der glaubt, seine Gerechtigkeit in Jesus Christus zu. Wer dem Evangelium vertraut, ist um Christi willen gerechtfertigt vor Gott und von der Anklage des Gesetzes befreit. ...

(Zur Verkündigungsaufgabe der Kirche:)

13. Das Evangelium wird uns grundlegend bezeugt durch das Wort der Apostel und Propheten in der Heiligen Schrift Alten und Neuen Testaments. Die Kirche hat die Aufgabe, dieses Evangelium weiterzugeben durch das mündliche Wort der Predigt, durch den Zuspruch an den einzelnen und durch Taufe und Abendmahl. In Verkündigung, Taufe und Abendmahl ist Jesus Christus durch den Heiligen Geist gegenwärtig. So wird den Menschen die Rechtfertigung in Christus zuteil, und so sammelt der Herr seine Gemeinde. Er wirkt dabei in vielfältigen Ämtern und Diensten und im Zeugnis aller Glieder der Gemeinde.

Auszug aus der „Leuenberger Konkordie" reformatorischer Kirchen in Europa (1973). Ihr haben sich inzwischen über 80 Kirchen angeschlossen. Zit. Nach A. Birmelé (Hg.), Konkordie und Ökumene, Frankfurt a. M. 1988, 161–173; hier: 161; 163 f.

große Ziel der Ökumene bereits gemeinsam benennen: *„Einheit in versöhnter Verschiedenheit"*!

Zu dieser entscheidenden Erkenntnis führte vor allem die ökumenische Methode des *„differenzierten →Konsenses"*. Danach reicht es bei strittigen Lehrfragen aus, wenn grundlegende Inhalte gemeinsam vertreten werden. Unterschiede in der Ausfaltung und sprachlichen Formulierung können und dürfen dann ohne weiteres bestehen bleiben.

Damit ist jedoch noch nicht entschieden, wie eine solche

„Einheit in versöhnter Verschiedenheit“ bzw. wie ein „differenzierter Konsens“ konkret auszusehen hat. Viele Fragen bleiben vorläufig noch offen: Welche eigenen Vorgaben hält eine Kirche für so zentral, dass alle anderen Kirchen sie in einer zukünftigen Einheit anzunehmen hätten? Welche dieser Vorgaben sind in den Augen anderer Kirchen ein Stein des Anstoßes und damit weiterhin ein Grund zur Trennung? Gibt es Möglichkeiten, dass bestimmte Lehren und Praktiken einer Kirche von den anderen zwar nicht übernommen, aber zumindest doch als legitime Ausformungen des Christlichen toleriert werden könnten? Welche äußere Gestalt hat eine „Einheit in versöhnter Verschiedenheit“ anzunehmen? Reicht für eine solche äußere Gestalt eine verbindliche Vereinbarung zu gegenseitiger Kanzel- und Abendmahlsgemeinschaft zwischen ansonsten selbständig bleibenden Kirchen aus? Oder bedarf es *auch* einer strukturellen und organisatorischen Verschmelzung der verschiedenen Kirchen, ohne allerdings dabei alle konfessionellen Eigenheiten „abtöten“ zu müssen? Für die protestantische Theologie reicht (vorbehaltlich einer Überwindung von etwaigen gegenseitigen Lehrverurteilungen) ein gemeinsames Verständnis des Evangeliums aus, um sich auf dieser Grundlage gegenseitig als „Kirchen“, die in voller gegenseitiger Gemeinschaft stehen, anzuerkennen. Für die römisch-katholische, orthodoxe und zum größeren Teil auch für die anglikanische Theologie ist hingegen eine Übereinstimmung im apostolischen Glauben, in den Sakramenten und im kirchlichen Amt Voraussetzung für eine volle Kirchengemeinschaft. Daher reicht es für sie nicht, ausschließlich im Verständnis des Evangeliums eine grundlegende Einigung zu erzielen.

Will man daher im ökumenischen Dialog eine „Einheit in versöhnter Verschiedenheit“ erreichen, ist es notwendig, dass sich die ökumenischen Partner darüber einig sind, woraus und worin die (notwendige) Einheit bzw. die (legitime) Verschiedenheit zu bestehen hat. Am ehesten scheint eine solche Verständigung bei der bislang katholische und lutherische Christen trennenden Rechtfertigungslehre gelungen zu sein.

Die Formel von der „versöhnten Verschiedenheit" kann deshalb nicht als ein alle Fragen klärender ökumenischer *Durchbruch* verstanden werden, sondern eher als Anregung zu einer gemeinsamen Vision von Einheit. Sie hat sich allerdings in den einzelnen noch immer kontroversen Problemen zu bewähren und zu bewahrheiten. Beispielhaft kann dies die schon mehrfach genannte „Gemeinsame Erklärung zur Rechtfertigungslehre" verdeutlichen.

(2) Die Rechtfertigungsbotschaft als Kern des Evangeliums

Am 31. Oktober 1999 unterzeichneten in Augsburg mit großem Medienecho Vertreter des Lutherischen Weltbundes und der Katholischen Kirche die „*Gemeinsame Erklärung zur →Rechtfertigungslehre*" (=GE) (vgl. Abb. unten).

Unterzeichnung der „Gemeinsamen Erklärung zur Rechtfertigungslehre" durch Bischof Krause und Kardinal Cassidy. Quelle: KNA-Bild

Mit dieser Erklärung wird eine grundlegende Gemeinsamkeit im Verständnis jener Lehre bekundet, die die eigentliche Ursache der Trennung Luthers von der römisch-katholischen Kirche war. Mehr als drei Jahrzehnte lang war sie direkter oder indirekter Gesprächsgegenstand des offiziellen katholisch/lutherischen Dialogs auf Weltebene. Mit dieser Erklärung wird auch ein neues Licht auf die zum Teil scharfen Auseinandersetzungen zwischen Katholiken und Lutheranern in den vergangenen Jahrhunderten geworfen: Die gegenseitigen Verurteilungen aus der Reformationszeit haben zumindest für das gemeinsame Verständnis der Rechtfertigungsbotschaft ihre Bedeutung verloren.

Was aber bedeutet „Rechtfertigung"? Es geht um die theologisch grundlegende Frage nach dem *rechten* Verhältnis des Menschen zu Gott. Dieses Verhältnis, das Gott mit einem bleibenden Bund besiegelt hat, war durch das Denken, Reden und Handeln des Menschen aus dem „rechten" Lot geraten: Der Mensch erklärte sich selbst zum König der Schöpfung und Herrn über Leben und Tod. Durch diese Missachtung des Gotteswillens scheiterte der Mensch in seiner Selbstüberschätzung und Überheblichkeit nicht nur an den anderen Menschen (mit gleichen Ansprüchen) und an sich selbst, sondern vor allem vor Gott, der allein Schöpfer und Herr von Leben und Tod ist. Die Heilige Schrift bezeichnet eine solche Selbstanmaßung des Menschen als „Sünde". Gott kündigte dennoch seinen Bund mit der Schöpfung nicht auf, auch nicht mit den Menschen, obwohl sie seine Bundesgebote missachteten.

Da die Menschen als Sünder vor Gott nicht aus sich selbst heraus in der Lage sind, dieses „rechte" Lot in ihrem Verhältnis zu Gott wiederherzustellen und in die Bundestreue zu Gott zurückzukehren, schenkte Gott selbst die grundlegende und bleibende Versöhnung ein für alle Mal durch das Leben und den Tod seines Sohnes Jesu Christi. In seiner Auferweckung hat er sie bleibend bestätigt. Die ganze Schöpfung, alle Kreaturen, insbesondere die Menschen, werden seither von Gott gerufen, sich mit ihm durch Jesus Christus versöhnen zu lassen (vgl. Kol 1,15–20).

Diese grundlegenden Aussagen bezeugen viele christliche Kirchen und Gemeinschaften gemeinsam. Differenzen bestehen in der Art und Weise, wie dem *konkreten* Menschen die von Christus erwirkte *grundsätzliche* Versöhnung mit der Welt zu eigen wird, d. h. wie er vor Gott „gerechtfertigt" wird. Diese ersten Bemerkungen zur Rechtfertigungsproblematik lassen bereits deutlich werden, dass die Botschaft von der Versöhnung des konkreten Menschen mit Gott, die von den verschiedenen christlichen Kirchen in der *Rechtfertigungslehre* (oder *Erlösungs- bzw. Versöhnungslehre*) verkündet wird, Kern des von Jesus bezeugten Evangeliums und damit Kern des christlichen Glaubens ist. Daher wiegt ein innerchristliches Zerwürfnis in dieser Frage umso schwerer.

Die Erkenntnis Martin Luthers

Der mittelalterliche Mensch hatte für seine Sündigkeit vor Gott ein wesentlich ausgeprägteres Gespür als der durchschnittliche Zeitgenosse von heute. Er lebte in tiefer Sorge, wie er vor der Strenge des gerechten Gottes bestehen könne (vgl. Abb. S. 76).

In einem solchen Umfeld lebte auch der Augustinermönch Martin Luther. Täglich versuchte er, den fordernden Gott gnädig zu stimmen, indem er viele Bußübungen verrichtete, wie z. B. Fasten, Selbstkasteiung und lange nächtliche Gebetszeiten. Jedoch sah er seine Lage vor Gott als immer aussichtsloser an. Er konnte nicht die strengen Gebote Gottes *völlig* erfüllen. Weil nach überliefertem Verständnis Gott allerdings „gerecht" war, d. h. weil er jedem das zuteilte, was er verdiente, konnte Gott gar nicht anders, als die Menschen für ihre (auch noch so kleinen oder noch so großen) Übertretungen der Gebote zu strafen.

Darstellung des Jüngsten Gerichts, wie es über die Menschen hereinbricht. Albrecht Dürer, Apokalypse: Die Eröffnung des fünften und sechsten Siegels (Holzschnitt). © Staatliche Graphische Sammlung, München

„So raste ich wilden und wirren Gewissens; ... Bis ich, dank Gottes Erbarmen, unablässig Tag und Nacht darüber nachdenkend, auf den Zusammenhang der Worte aufmerksam wurde, nämlich: ‚*Gottes Gerechtigkeit wird darin offenbar, wie geschrieben steht: Der Gerechte lebt aus Glauben.*‘ Da begann ich die Gerechtigkeit Gottes zu verstehen als die, durch die als durch Gottes Geschenk der Gerechte lebt, nämlich aus Glauben, und daß dies der Sinn sei: Durch das Evangelium werde Gottes Gerechtigkeit offenbart, nämlich die passive, durch die uns der barmherzige Gott gerecht macht durch den Glauben, wie geschrieben ist: ‚Der Gerechte lebt aus Glauben.‘ Da hatte ich das Empfinden, ich sei geradezu von neuem geboren und durch geöffnete Tore in das Paradies selbst eingetreten. Da zeigte mir sofort die ganze Schrift ein anderes Gesicht.“

Luthers Beschreibung seines „reformatorischen Durchbruches“. Quelle: [Originalfassung] Gesammelte Werke Martin Luthers, W[eimarer] A[usgabe] 54, 386; deutsche Übersetzung aus: Martin Luther. Ausgewählte Schriften, K. Bornkamm u. a. (Hg.), 1. Bd., Frankfurt a. M. 1982, 23

In dieser unheilvollen Situation vertiefte er sich beim Bibelstudium in den Römerbrief des Apostels Paulus und las hier über die Gerechtigkeit Gottes. Bei diesem Studium kam ihm eine entscheidende theologische Erkenntnis, die später als der *„reformatorische Durchbruch“* in die Geschichtsbücher eingehen sollte (vgl. Text oben).

Was hatte Luther erkannt? Seine grundlegende Einsicht war, dass das *Evangelium*, d. h. wortwörtlich „die Frohe Botschaft“, eben nicht eine Vergeltungsgerechtigkeit Gottes mitteilt. Was sollte daran auch „Frohes“ sein, wenn sie dem Menschen als Sünder das zuteilt, was er verdient hat, nämlich Strafe und Gericht? Vielmehr zeigt sich im Evangelium Gottes Gerechtigkeit als dem Menschen zugewendete *Barmherzigkeit*, die er um Jesu Christi willen dem Sünder zukommen lässt. Eine solche *geschenkte* Gerechtigkeit kann ausschließlich im *vertrauenden Glauben* an Jesus Christus angenommen werden. Dies geschieht beim Hören auf Gottes Wort der Vergebung. Durch „gute Werke" verdienen lässt sich diese Gerechtigkeit daher nicht. Wie könnte sie auch „verdient" werden, wenn nach Luther der Mensch in seinem Denken, Streben und Tun ganz und gar Sünder ist, d.h. nicht Gott die Ehre gibt, sondern sich selbst in den Mittelpunkt rückt?!

Das Evangelium verkündet nach Luther, dass sich Gottes Gerechtigkeit als Barmherzigkeit dem Menschen gegenüber erweist, indem er ihm die Gerechtigkeit Jesu Christi anrechnet und zuteil werden lässt. Dadurch ist der Sünder im Glauben zu einem „Gerechten" geworden (s. Abb. S. 79).

In der lutherischen Theologie kommt diese völlige Angewiesenheit des Menschen auf Gottes Gnade und Barmherzigkeit in vier Formeln zum Ausdruck:

1. „Allein Christus" (lat. →*solus Christus*): Es gibt außer ihm keine anderen Heilsvermittler.
2. „Allein die Schrift" (lat. →*sola scriptura*): Es gibt neben ihr keine anderen Quellen zur Erkenntnis des Heils (z. B. kirchliche Traditionen).
3. „Allein die Gnade" (lat. →*sola gratia*): Der Mensch ist von sich aus nicht heilsfähig, sondern nur durch Gottes liebende Zuwendung.
4. „Allein durch Glauben" (lat. →*sola fide*): Das Heil kann nicht durch „gute Werke" verdient werden, sondern erfordert das Hören auf das Vergebungswort Gottes.

Diese zugespitzten Aussagen richten sich gegen alle Versuche, von Seiten des Menschen oder der Kirche über die Gnade Gottes verfügen zu wollen, sich selbst vor Gott zu „rechtfertigen". Die Gnade ist und bleibt freies Geschenk Gottes an den Menschen. Der Mensch kann weder eine Art Kuhhandel mit Gott treiben („pro gutem Werk ein wenig mehr Gnade"), um vor Gott als Gerechter dastehen zu können, noch darf sich die Kirche als eigenständige Heilsvermittlerin gegenüber den Menschen aufspielen (dies gilt auch

299 (Ö) Psalm 130

T UND ERSTE MELODIE: MARTIN LUTHER

2. Bei dir gilt nichts denn Gnad und Gunst, / die Sünde zu vergeben; / es ist doch unser Tun umsonst / auch in dem besten Leben. / Vor dir niemand sich rühmen kann, / des muß dich fürchten jedermann / und deiner Gnade leben.

3. Darum auf Gott will hoffen ich, / auf mein Verdienst nicht bauen; / auf ihn mein Herz soll lassen sich / und seiner Güte trauen, / die mir zusagt sein wertes Wort; / das ist mein Trost und treuer Hort, / des will ich allzeit harren.

4. Und ob es währt bis in die Nacht / und wieder an den Morgen, / doch soll mein Herz an Gottes Macht / verzweifeln nicht noch sorgen. / So tu Israel rechter Art, / der aus dem Geist erzeuget ward, / und seines Gotts erharre.

5. Ob bei uns ist der Sünden viel, / bei Gott ist viel mehr Gnade; / sein Hand zu helfen hat kein Ziel, / wie groß auch sei der Schade. / Er ist allein der gute Hirt, / der Israel erlösen wird / aus seinen Sünden allen.

Luthers Rechtfertigungs-Erkenntnis in Liedform. Quelle: Ev. Kirchengesangbuch für die Heiligen!). Vielmehr besteht zwischen Gott und dem Gläubigen eine unmittelbare Beziehung, die allein Jesus Christus aus und in Liebe erwirkt hat. Die Kirche hat gerade dies den Menschen in Wort und Sakrament zu verkündigen. Mehr nicht! Aber auch nicht weniger als dieses Evangelium!

Die Katholiken sahen in diesen steilen theologischen Aussagen die Gefahr, dass die in der Kirche immer betonte Verantwortung des Menschen für sein Heil unterschlagen würde. So suchten sie die Einseitigkeiten zu ergänzen: Schrift ja, aber *auch* die kirchliche Tradition; Christus ja, aber *auch* die Heilsvermittlung der Kirche; Gnade Gottes ja, aber *auch* die willentliche Zuwendung zu ihr; Glaube ja, doch nicht ohne tätige Liebe.

Dahinter steht noch ein anderes katholisches Anliegen. Nach Luther kommt die Rechtfertigung ganz von „außen" (lat.. „ab extra") und bleibt für den Menschen eine „fremde Gerechtigkeit". Er kann sie nur passiv an sich geschehen lassen. Demgegenüber betonen die Katholiken, dass im Rechtfertigungsgeschehen der Gerechtfertigte wirklich verändert, ein anderer Mensch wird. Die empfangene Gerechtigkeit bleibt für ihn keine „fremde" Gerechtigkeit.

Inzwischen hat sich gezeigt, dass keine Seite tatsächlich so ausschließlich denkt, wie die Theologen im 16. Jahrhundert geredet haben. Das gilt auch für den Glaubensbegriff. Nach katholischem Verständnis kann jemand, der sagt, dass er *„allein glaubt"*, nicht die Rechtfertigung von Gott empfangen, weil er zwar die göttlichen Heilstaten des Todes und der Auferstehung Jesu *anerkennt*, aber Gott nicht von Herzen *liebt*. Nur der *von der Liebe geformte Glaube* (→*„fides caritate formata"*) rechtfertigt den Menschen vor Gott. Diese Formulierung will zum Ausdruck bringen, dass *der ganze Mensch* mit Verstand, Willen und allen seinen Kräften im Rechtfertigungsgeschehen auf Gott ausgerichtet wird. Eine bloß verstandesmäßige Anerkennung des Handelns Gottes („Verstandesglaube") reicht folglich nicht aus. Das hatte Luther auch nie bestritten. Er machte nur darauf aufmerksam, dass der Mensch mit Hilfe von Werken der *Nächstenliebe* (gute „Werke") nicht das Heil „erkaufen" könne. Das hatte die katholische Kirche (von einigen spätmittelalterlichen theologischen Positionen abgesehen) nicht anders gelehrt: Die christliche Nächstenliebe *folgt* aus der Liebe zu Gott (nicht umgekehrt)! Diese Liebe zu Gott ist wiederum ein *Gnadengeschenk Gottes* für den, der aufrichtig nach ihr sucht. *Die Rechtfertigung des Menschen durch Gott geschieht auch nach katholischem Verständnis allein aus Gnade.*

Wenn Luther die Ausschließlichkeit des Glaubens hervorhob, wollte er jedwede Möglichkeit einer „Kungelei" mit Gott durch gute Werke von Seiten des Menschen ausschließen. „Glaube" ist für ihn nicht Verstandesglauben, dem die Liebe fehlt, sondern ein umfassender *Vertrauensglaube (→Fiduzialglaube)*: Der Sünder *vertraut mit seiner ganzen Person* dem Evangelium von der Vergebung und wird dadurch gerechtfertigt (erlöst).

Werden damit aber nicht doch Möglichkeiten eines gemeinsamen Verständnisses eröffnet? Sowohl die lutherische als auch die katholische Seite bekennen trotz unterschiedlicher Verwendung von Begriffen, dass Rechtfertigung *von Gott her aus Gnade* geschieht und der *ganze Mensch* davon betroffen wird und darauf zu antworten hat.

Ein gemeinsames Verständnis der Rechtfertigungslehre

Lutheraner und Katholiken haben nach jahrhundertelanger Polemik gegeneinander in der „Gemeinsamen Erklärung zur Rechtfertigungslehre" ein gemeinsames Grundverständnis (→„*Grundkonsens*") dieser Lehre erkannt. Trotz oder gerade wegen dieses Grundkonsenses können und dürfen Unterschiede in der weiteren Ausgestaltung des jeweiligen Rechtfertigungsverständnisses (z. B. in der Frage, ob der Gerechtfertigte Sünder bleibt) sowie unterschiedliche Betonungen (lutherische Betonung des alleinigen Handelns Gottes; katholische Betonung der Beteiligung des Menschen) in der Rechtfertigungslehre bleiben. So kann in und trotz aller Verschiedenheit gemeinsam formuliert werden:

> „Es ist unser gemeinsamer Glaube, daß die Rechtfertigung das Werk des dreieinigen Gottes ist … Gemeinsam bekennen wir: Allein aus Gnade im Glauben an die Heilstat Christi, nicht aufgrund unseres Verdienstes, werden wir von Gott angenommen und empfangen den Heiligen Geist, der unsere Herzen erneuert und uns befähigt und aufruft zu guten Werken“ (GE 15).

Diese Aussage macht deutlich, dass Gott die Rechtfertigung des Menschen „allein aus Gnade“ vollbringt und sich der Mensch von diesem Handeln Gottes im Glauben ergreifen lässt. Wer von Gottes liebender Zuwendung ergriffen wird, der drängt nach Taten der Liebe als Ausdruck seines Glaubens. Damit ist die Nächstenliebe nicht *Bedingung oder Voraussetzung* dafür, dass Gott den Menschen liebt, vergibt und ihm einen neuen Stand vor sich schenkt (Rechtfertigung). Vielmehr ist die Nächstenliebe die *Folge* der immer neu verkündigten Liebe Gottes zu uns, die er uns in Jesus Christus *zuerst* erwiesen hat.

In einem der GE angefügten „Anhang“ („Annex“ [=A]) sind die „guten Werke“ mit einer sogar noch deutlicheren Formulierung aus dem Rechtfertigungsgeschehen ausgeschlossen, ohne damit ihre Bedeutung für ein Leben aus dem Glauben zu schmälern. Dort heißt es:

> „Rechtfertigung geschieht ‚allein aus Gnade‘ …, allein durch Glauben, der Mensch wird ‚unabhängig von Werken‘ gerechtfertigt …“ (A, Nr. 2C).

In dieser gemeinsamen Aussage ist besonders das lutherische Anliegen der göttlichen Rechtfertigung „ohne (menschliche) Werke“ zu Wort gekommen. Die katholische Seite konnte dieser Aussage zustimmen, weil auch ihre eigene Tradition (wie oben gezeigt) die *Nächstenliebe* (die guten Werke) nicht mit der allein rechtfertigenden *Liebe zu Gott* verwechselt.

Wie steht es nun mit dem katholischen (und auch orthodoxen!) Anliegen einer wirklichen Beteiligung des Menschen beim Rechtfertigungsgeschehen? Im Anhang zur GE heißt es hierzu:

> „Gottes Gnadenhandeln schließt das Handeln des Menschen nicht aus: Gott wirkt alles, das Wollen und Vollbringen, daher sind wir aufgerufen, uns zu mühen (…). „… alsbald der Heilige Geist, …, durchs Wort und heilige Sakrament solch sein Werk der Wiedergeburt und Erneuerung in uns angefangen hat, so ist es gewiß, daß wir durch die Kraft des Heiligen Geists mitwirken können und sollen …" (A, 2C).

Für beide Seiten ist die Rechtfertigungslehre laut GE „ein unverzichtbares Kriterium, das die gesamte Lehre und Praxis der Kirche unablässig auf Christus hin orientieren will" (Ge 18). Damit soll die besondere Stellung und Aufgabe der Rechtfertigungslehre innerhalb aller Glaubenslehren und -praktiken zum Ausdruck gebracht werden. Aufgrund dieser besonderen Stellung und Aufgabe ist sie eben „nicht nur ein Teilstück der christlichen Glaubenslehre" (GE 18). An ihr ist alles in der Kirche zu überprüfen, ob es sich *„christlich"*, d.h. auf Jesus Christus bezogen, nennen darf. Die Rechtfertigungslehre ist darum ein kritischer Maßstab gegenüber allen anderen Lehren und Praktiken in der Kirche.

Korrekturen sind z.B. in der Kirche dort notwendig, wo Jesus Christus nicht als alleiniger Heilsmittler anerkannt wird. So müssten etwa manche Formen der volkstümlichen Heiligenverehrung auf den Prüfstand. Korrekturen sind aber auch dort im kirchlichen und theologischen Raum erforderlich, wo der Glaube an Jesus Christus relativiert wird zugunsten einer völligen Gleichwertigkeit aller Religionen.

Allerdings kann nicht der gesamte Inhalt des Glaubens der Kirche auf die Rechtfertigungslehre reduziert oder von ihr aus „entwickelt" werden. Vielmehr ist die Rechtfertigungslehre als Maßstab des Christlichen gar nicht in der

Lage von den anderen Lehren der Kirche losgelöst zu existieren, weil sie selbst andere Lehren zur Voraussetzung hat (so z. B. die Lehre von der Auferstehung Jesu Christi).

Rechtfertigung und Einheit der Kirche

Mit der grundlegenden Übereinstimmung in der Rechtfertigungslehre ist allerdings nach katholischem (und orthodoxem) Verständnis noch keine ausreichende Grundlage geschaffen für eine „Einheit in versöhnter Verschiedenheit" zwischen den Kirchen. Zwar ist die Rechtfertigungslehre von entscheidender Bedeutung für ein richtiges Verständnis des *Evangeliums* und folglich des *Christlichen*. Bei einer zukünftigen Einheit von Protestanten, Katholiken und Orthodoxen geht es jedoch – genauer betrachtet – um das Christliche in seiner kirchlichen Gestalt. Der Gemeinschaft der Glaubenden wurde nicht nur die *Botschaft des Evangeliums* (Rechtfertigungsbotschaft) anvertraut, sondern auch die (apostolische) *Sendung* verliehen, um durch die Verkündigung dieser Botschaft das Werk der Versöhnung durch Jesus Christus fortzuführen. Damit wird für die Einheit der Kirchen sowohl eine Übereinstimmung im Verständnis des *Evangeliums* als auch eine Übereinstimmung in Lehre und Praxis der *Sendung der Kirche* wichtig.

Zu dieser (apostolischen) Sendung zählt die katholische (und orthodoxe) Kirche vor allem die Sakramente und das kirchliche Amt. Am Sakrament der Taufe wird deutlich, wie eng die Sendung der Kirche und der Auftrag zu taufen miteinander verbunden sind. So heißt es im Matthäus-Evangelium:

> „Und Jesus trat herzu und sprach zu ihnen: Mir ist gegeben alle Gewalt im Himmel und auf Erden. Darum gehet hin und machet zu Jüngern alle Völker: Taufet sie auf den Namen des Vaters und des Sohnes und des heiligen Geistes und lehret sie halten alles, was ich euch befohlen habe. Und siehe, ich bin bei euch alle Tage bis an der Welt Ende" (Mt 28,18-20).

Nach katholischem und lutherischem Verständnis ist eine Übereinstimmung im Verständnis der Taufe wesentlich für eine Einheit der Kirchen, denn mit der Taufe geschieht die Hineinnahme in die *eine* Kirche. Lutherische und Katholische Kirche erkennen gegenseitig ihre Taufpraxis an. Eine „Wiedertaufe" bei →*Konversion* ist ausgeschlossen.

Diese Übereinstimmung in der Taufe bezieht sich auch auf den engen Zusammenhang von Taufe und Botschaft des Evangeliums: Die Taufe ist entscheidend *„Sakrament der Rechtfertigung"*. Durch sie geschieht das rechtfertigende (erlösende) Handeln Gottes am Menschen, der mit diesem Sakrament in den Bund mit dem dreieinigen Gott gerufen und zum Dienst in die Welt gesandt wird. Mit der Heilsbotschaft, die in der Rechtfertigungslehre zum Ausdruck kommt, ist aber noch nicht „automatisch" die Lehre und Praxis der Taufe mitgegeben. Die Bedeutung der Taufe erkennt die Kirche vielmehr aus dem *mit der Sendung verbundenen Taufauftrag* des auferstandenen Jesus Christus.

Damit wird noch einmal deutlich: Aus der Rechtfertigungslehre kann nicht die Gesamtheit des christlichen Glaubens entwickelt worden. Zu ihm gehört auch die Lehre von den Sakramenten und der Kirche. Daher reicht ein gemeinsames grundlegendes Rechtfertigungsverständnis für eine Einheit der Kirchen in Glaube und Sendung noch nicht aus, auch wenn die Rechtfertigungslehre als zentraler Maßstab alle anderen Lehren und Praktiken der Kirche zu beurteilen und gegebenenfalls zu korrigieren hat.

Als Voraussetzung für eine Einheit der Kirchen ist allerdings ein gemeinsames Verständnis nur in denjenigen Lehren und Praktiken notwendig, die als wesentlich für den christlichen Glauben und zugleich als noch immer kirchentrennend angesehen werden. Damit ist auch die „Gretchenfrage" im ökumenischen Dialog angesprochen:

Welche wesentlichen Lehren und Praktiken halten die Kirchen für noch immer trennend?

Für Lutheraner wie Katholiken sind dies all diejenigen

Glaubensinhalte und Praktiken, die ihrer Überzeugung nach der *Heiligen Schrift* und damit letztlich dem Kriterium der *Rechtfertigungslehre* widersprechen. Viele evangelische Christen halten vor allem folgende Lehren und Praktiken der katholischen Kirche für eben solche Widersprüche: Die Irrtumslosigkeit des Papstes in entscheidenden Glaubensfragen, die Lehren von der ohne Sünde empfangenen Jungfrau Maria und ihrer leiblichen Aufnahme in den Himmel sowie die Verehrung der Heiligen.

Für Katholiken ist eine grundlegende Übereinstimmung in denjenigen Lehren und Praktiken erforderlich, die die katholische bzw. orthodoxe Kirche im Zusammenhang mit der Botschaft des *Evangeliums und* der (apostolischen) *Sendung* in ihrem Glaubensbewusstsein für *wesentlich* hält.

(3) Sakramente

Die christlichen Kirchen sind sich einig darin, dass Gottes Beziehung zu den Menschen durch sein schöpferisches Wort begründet worden ist:

> „Im Anfang war das Wort, und das Wort war bei Gott, und das Wort war Gott. Im Anfang war es bei Gott. Alles ist durch das Wort geworden, und ohne das Wort wurde nichts, was geworden ist“ (Joh 1,1-3).

Gottes Wort ist nichts anderes als sein Sohn, der für unser Heil (Rechtfertigung) Mensch geworden ist:

> „Und das Wort ist Fleisch geworden und hat unter uns gewohnt“ (Joh 1,14).

So wie Gott „Rücksicht“ auf uns Menschen als *Sinneswesen* bei der Sendung seines Sohnes nahm, indem er ihn zu einem „leibhaftigen“ Menschen hat werden lassen, so hat Jesus selbst in seiner irdischen Zeit sowohl Worte (z. B. Sündenvergebung) als auch sichtbare Zeichen (z. B. Brot brechen, Krankenheilungen u. a.) verwendet, um bei den Menschen mit seiner Botschaft von der Heilsherrschaft Gottes („Reich Gottes") Gehör zu finden: Die heilende Nähe Gottes ereignet sich in den Worten und Taten (Zeichen) Jesu. Sie hat ihren Höhepunkt in seiner Kreuzigung und Auferweckung gefunden.

Die Christen haben Jesus Christus schon sehr früh als *das* sichtbare Zeichen Gottes schlechthin gedeutet. Das erlösende Wort Gottes, Jesus Christus, hat Zeichencharakter für die Welt! Die Kirche erkannte, dass Einzelne ihrer Glaubenshandlungen (Taufe sowie Brot brechen [= Herrenmahl/Eucharistie]), die sie auf Jesus Christus als „Stifter" dieser Handlungen selbst zurückführte, einen dem Zeichensein Jesu ähnlichen Charakter haben: Die christliche Kirche bezeichnet seitdem nicht nur Jesus Christus selbst als →„*Mysterion*" („Heilsereignis"; „Heilsgeheimnis"), sondern auch – in abgeleiteter Weise – diejenigen Handlungen und Zeichen, die sie mit dem Heilswirken Jesu in enge Verbindung bringt.

In der deutschen Sprache gibt es zwei Begriffe, die zur Übersetzung des griechischen Begriffes „Mysterion" herangezogen wurden, zum einen „Mysterium" im Sinne von Heils*geheimnis*, zum anderen „*Sakrament*" als sichtbares Zeichen unsichtbarer Gnade. Auch wenn also für den christlichen Glauben Jesus Christus selbst *das* „Mysterion" Gottes ist, so erkannte die Kirche im Laufe ihrer Geschichte eine bestimmte Anzahl ihrer Zeichenhandlungen als christliche „Sakramente" an, insofern sie als Symbole die Gottesgnade wirksam bezeichnen bzw. enthalten und von Jesus Christus „eingesetzt" sind.

Theologisch betrachtet enthalten diese Zeichen daher das, was sie bezeichnen, die Nähe und Gnade Gottes. Sie sind darum *Realsymbole*, weil Gott wirklich in und mit ihnen am Gläubigen das bewirkt, wofür sie symbolhaft stehen – das göttliche Heil.

In diesem Zusammenhang spielen Taufe und Eucharistie als „Hauptsakramente" eine besondere Rolle, weil sie in ganz besonderer Weise den Gläubigen in das Christusereignis bzw. -geheimnis hineinnehmen: Die Taufe, weil sie den Menschen erstmalig und bleibend Christus überantwortet, und die Eucharistie, weil sich in ihr eine immer tiefere Gemeinschaft der Gläubigen mit Christus und untereinander vollzieht.

Orthodoxe und Katholiken haben ein weithin gleiches Sakramentsverständnis. Beide Kirchen kennen sieben Sakramente (Taufe, Firmung, Eucharistie, Buße, Krankensalbung, Ehe, Weihe/Ordination). Dagegen ist es zwischen Katholiken und Protestanten zu einem Bruch gekommen. Er ergab sich dadurch, dass Luther, Calvin und andere Reformatoren auf der Grundlage ihres Schrift-Prinzips darauf bestanden, für ein Sakrament die unmittelbare *biblisch* bezeugte Einsetzung durch Jesus Christus zu fordern. Diese erkannten sie ausschließlich bei der Taufe und dem Abendmahl (Eucharistie), der Reformator *Melanchthon* auch bei der Buße/Beichte für gegeben. Allerdings bestehen heute für die historisch-kritische Bibelauslegung große Schwierigkeiten, überhaupt von einer unmittelbaren „Einsetzung" oder „Stiftung" der Sakramente durch den historischen Jesus zu sprechen. Das gilt sogar für Taufe und Eucharistie.

Umstritten ist aber nicht nur die Zahl, sondern auch das nähere Verständnis der Sakramente. Katholiken, Orthodoxe und viele Protestanten (Lutheraner und Calvinisten) sehen im Sakrament in erster Linie ein Gnadenwirken Gottes am Menschen. Andere Protestanten (Anhänger Zwinglis sowie viele Freikirchen) heben stattdessen hervor, das Sakrament sei zuerst ein Bekenntniszeichen des zum Glauben gekommenen Menschen gegenüber Gott und der Welt. Dieser Unterschied ist in der Abbildung S. 89 veranschaulicht.

Eine andere Schwierigkeit ergab sich aus der Lehre der Reformatoren, dass zum Sakrament der *Glaube* des Empfängers konstitutiv dazugehöre. Katholischerseits sprach man dagegen von der Wirksamkeit des Sakraments allein aufgrund seines rechtmäßigen Vollzugs („*ex opere operato*").

Sakrament

Katholiken, Orthodoxe Lutheraner, Calvinisten:	Zwingli, viele Freikirchen: (z. B. Baptisten)
Gott	**Gott**
↓ Sakrament als Gnadenzeichen	**↑ Sakrament als Bekenntniszeichen**
Mensch	**Mensch**

Das Sakramentsverständnis der großen christlichen Kirchen

Damit wollte man aber nicht den Glauben des Empfängers als überflüssig abtun, sondern die göttliche Gnadenwirkung des Sakraments unabhängig von der jeweiligen persönlichen Verfassung und dem Charakter des Sakramentengebers und damit für den Gläubigen (!) verlässlich hervorheben. In besonderer Weise kam diese (scheinbare?) Differenz bei den katholisch/reformatorischen Auseinandersetzungen um die Eucharistie bzw. das Abendmahl zum Tragen.

(4) Eucharistie und Abendmahl

Geschichtlicher Rückblick

Viele Jahrhunderte lang waren Katholiken wie Protestanten der Überzeugung, dass das unterschiedliche Verständnis in der Lehre vom Sakrament der Eucharistie (auch Abendmahl oder Herrenmahl genannt) einen entscheidenden Grund der Trennung darstellt.

Für den evangelisch-reformierten →*Heidelberger Kate-*

chismus von 1563 ist die (katholische) Messe sogar eine „vermaledeite Abgötterei" bzw. (in neuerem Deutsch) „ein fluchwürdiger Götzendienst". Was aber war der Auslöser für die scharfe Kritik der Reformatoren an der katholischen Messe? Viele Priester lebten zu Beginn des 16. Jahrhunderts (und bereits zuvor) von den sogenannten →„*Messstipendien*", die Gläubige an die Priester gaben, um von ihnen eine Messe mit einer bestimmten Intention (d. h. zugunsten einer bestimmten Person oder Sache) „lesen" zu lassen. Da dies die einzige oder entscheidende Einnahmequelle für viele Priester war, wuchs die Zahl solcher Messen stark an. Häufig wurden in einer (großen) Kirche mehrere Messen in kleinen Seitenkapellen gleichzeitig gelesen, bisweilen sogar während des Hauptgottesdienstes. Da das Kirchenvolk zur damaligen Zeit theologisch nur schlecht oder gar nicht gebildet war, kam es zu sehr verzerrten Vorstellungen von der Messe als für die jeweiligen Intentionen „nützliches" Opferwerk des Priesters.

Diese Vorstellungen stießen auf den scharfen Protest der Reformatoren. In ihren Augen wurde mit solchen „Kauf- und Winkelmessen" (*Confessio Augustana*, 1530, Art. 24) eine Lästerung des Kreuzesopfers Jesu Christi betrieben: Jesus Christus ist ein für alle Mal am Kreuz gestorben. Die Messe könne darum keine Wiederholung dieses einmaligen Opfers Christi sein. Da dies aber von katholischer Seite behauptet werde, so die Reformatoren, sei die Messe ein gegen das Kreuz Christi gerichtetes menschliches Werk, durch das man Gott für die begangenen Sünden gnädig zu stimmen versuche. Das widersprach jedoch der reformatorischen Rechtfertigungslehre. Diese betont das alleinige Gnadenhandeln Gottes in Jesus Christus, das alle menschlichen Versuche der „Selbstrechtfertigung" vor Gott durch Werke (wie etwa der Messe) zunichte mache.

Die Reformatoren nahmen allerdings nicht nur Anstoß am überlieferten Opferverständnis der Messe, sondern auch an dem philosophischen Erklärungsversuch für die Gegenwart Jesu Christi in der Eucharistie. Lutheraner wie Katholiken (nicht die Reformierten) hielten an der wirklichen Gegenwart von Leib und Blut Christi nach der Konsekration von Brot und Wein fest (Realpräsenz). Aber wie kann man sich das Zustandekommen dieser Gegenwart erklären? Die mittelalterliche Theologie unterschied im Rückgriff auf den griechischen Philosophen Aristoteles bei einer Sache zwischen der *Substanz*, dem Wesen oder der Natur, und den Akzidentien. Darunter fällt alles, was nicht zum Wesen gehört (z. B. Form, Farbe, Geschmack). Die katholische Lehre von der Wandlung wird nun als ein Geschehen erklärt, bei dem das Wesen (Substanz) von Brot und Wein zum Wesen des Leibes und Blutes Christi wird; alles andere bleibt: Aussehen, chemische Zusammensetzung usw. Man sprach folglich von „Transsubstantiation" (Wandlung der Substanz).

Luther lehnte diese Lehre ab und vertrat die Ansicht, „in, mit und unter" dem Brot und Wein sei Christi Leib und Blut zum Heil der Gläubigen gegenwärtig („Konsubstantionslehre", von lat. cum: „mit"). Dementsprechend konzentrierte sich seine Aufmerksamkeit nicht mehr auf das Zustandekommen der leiblichen Gegenwart Christi, sondern zunehmend auf den Empfang der Elemente und seine heilsame Wirkung für den Glaubenden. Die Folge: Lutherische Theologie drängt Frömmigkeitsformen wie Tabernakelverehrung, „Aussetzung des Allerheiligsten" und Prozessionen mit der Hostie zurück.

Die Schweizer Reformatoren haben andere Vorstellungen von der Gegenwart Christi im Abendmahl entwickelt. Zwingli löst sie von Brot und Wein und bindet sie an den Heiligen Geist: Durch ihn ist Jesus gegenwärtig. Weniger radikal ist Calvin: Für ihn sind Brot und Wein die Mittel, um durch den Heiligen Geist an Leib und Blut Jesu Christi teilzuhaben, der sich im Himmel bei Gott-Vater befindet.

Die katholische Kirche musste auf diese reformatorischen Umwälzungen in Lehre und Praxis der Eucharistie reagieren, vor allem mit Blick auf das Opfer- und das Wandlungsverständnis. Das um eine innerkatholische Reform bemühte →*Konzil von Trient* hat deutlich gemacht, dass das blutige Opfer Christi am Kreuz nicht wiederholt werden kann (auch in keiner Messe) – es ist einmalig. Jedoch hält es daran fest, dass die Messe (Eucharistiefeier) Opfercharakter hat. Hinsichtlich der Lehre von der „Wesensverwandlung" („Transsubstantiationslehre") wurde nur gesagt, dass dieser Begriff „sehr treffend" sei, um die wahre, wirkliche und „substanzhafte" (im aristotelischen Sinne) Gegenwart Jesu Christi in Brot und Wein zum Ausdruck zu bringen. Sie hebt das bleibende *Geheimnis* der Eucharistie nicht auf, sondern bringt nur die besondere Weise der Gegenwart Jesu Christi in den Elementen von Brot und Wein zum Ausdruck.

Dass die Eucharistie ein *Opfer* ist, versucht die heutige katholische Theologie folgendermaßen zu erklären: Zum einen wird in der Feier der Messe das Gedächtnis von Tod und Auferstehung Christi begangen. Dieses Gedächtnis ist keine bloße mentale Erinnerung an ein Ereignis vor zweitausend Jahren. Vielmehr wird das einmalige Selbstopfer (die Lebenshingabe) Jesu Christi vergegenwärtigt, d. h. es wird nicht wiederholt (der Tod und die Auferstehung Jesu bleiben einmalig), sondern auf zeichenhaft-wirksame („sakramentale") Weise Gegenwart. In diesem Sinne wird nach katholischem Verständnis in der Eucharistie das einmalige Opfer Christi gefeiert.

Zum anderen spricht die katholische Theologie von einem „Opfer der Kirche". Damit ist gemeint, dass die versammelte Gemeinde mit ihrem Lob und Dank in die vergegenwärtigte Hingabe Christi hineingenommen wird. So bringt sie sich selbst zusammen mit Jesus Christus Gott, dem Vater, dar. Dies kann die Kirche aber nicht eigenmächtig tun, sondern nur, weil Jesus Christus sie in seine eigene Hingabe mit aufnimmt.

Die orthodoxe Theologie stimmt im Wesentlichen mit der

Lehre der katholischen Kirche überein. Allerdings ist die Transsubstantiationslehre nicht übernommen worden, auch wenn die orthodoxe Kirche von einer durch den Heiligen Geist bewirkten Wandlung der eucharistischen Elemente von Brot und Wein überzeugt ist. In der Frage des Opferverständnisses tun sich ebenfalls keine großen Differenzen zur katholischen Kirche auf. Die eucharistische Frömmigkeit ist dagegen nicht so ausgeprägt wie bei ihr.

Das Hauptaugenmerk soll demnach auf den Unterschieden zwischen den protestantischen Kirchen und der katholischen/orthodoxen Kirche liegen sowie auf den Bemühungen, diese Differenzen zu überwinden. Nach jahrhundertelangen gegenseitigen Verurteilungen in der Lehre über die Eucharistie wurde in und mit der ökumenischen Bewegung der Versuch von katholischer und protestantischer Seite unternommen, einen *Grundkonsens*, zumindest eine *Grundkonvergenz*, in den bislang strittigen Fragen zu erzielen. Er hat bemerkenswerte Ergebnisse gebracht.

Die Gegenwart Jesu Christi in der Eucharistie bzw. im Abendmahl

In der strittigen Frage nach der Gegenwartsweise Jesu Christi in der Eucharistie bzw. im Abendmahl zeigt sich in mehreren Dialogen, an denen die katholische Kirche beteiligt war (ist), dass jenseits aller traditionellen Lehrunterschiede von Katholiken und Protestanten eine gemeinsame grundlegende Überzeugung formuliert werden kann. Dieser Grundkonsens fußt auf dem Begriff des „Gedächtnisses“ (griech. *anamnesis*). Die Eucharistie bzw. das Abendmahl ist die (sakramentale) Gedächtnisfeier des Lebens, Sterbens und der Auferstehung Jesu Christi.

Anamnese bedeutet nicht bloße „Erinnerung“, so wie man sich mit Hilfe eines Gegenstandes (z. B. eines Bildes) an eine abwesende Person oder ein längst vergangenes Ereignis erinnert. Vielmehr meint „Gedächtnis“ in der jüdischchristlichen Tradition das durch Worte und sichtbare Zeichen geschehende „Heraufholen“, „Wiederlebendigwerden“ eines Ereignisses oder einer Person aus der Vergangenheit in der Gegenwart in Form einer kultisch-zeichenhaften „Gedächtnisfeier“. Das Bezeichnete wird vom Zeichen *repräsentiert*, indem es in ihm *präsent* ist. Die zum Gedächtnis verwendeten Zeichen sind damit *Realsymbole*: Sie *symbolisieren* das, was sie *real* enthalten.

Im Judentum ist dies die *Paschafeier*, in der in einem Mahl, bei dem ein Lamm verzehrt wird, der Befreiung Israels aus der Gefangenschaft in Ägypten durch Gott gedacht wird. Durch die Anrufung Gottes und seiner Heilstaten an Israel werden diese beim Mahl zur Gegenwart. Sie werden den Feiernden vor allem durch das geschlachtete Paschalamm „vor Augen geführt“.

Theologisch entscheidend ist dabei, dass ein solches kultisch-zeichenhaftes Gegenwärtigwerden die *Selbstvergegenwärtigung* des Bezeichneten bedeutet. Im christlichen Horizont verstanden, setzt sich Jesus Christus in der Feier der Eucharistie als zeichenhaftes Gedächtnismahl seines Lebens und Sterbens selbst gegenwärtig. Dazu bedient sich der Auferstandene sowohl des im Gottesdienst gesprochenen *Gedächtniswortes* („Tut dies zu meinem Gedächtnis“) als auch der von ihm am Vorabend seines Todes eingesetzten sichtbaren *Zeichen* von Brot und Wein.

Die jahrhundertealten Kontroversen zwischen der katholischen Kirche und den Kirchen aus der Reformation drehten sich dabei letztlich um die Frage nach der genauen Zuordnung der Gegenwart des Leibes und Blutes Christi zu den Gaben von Brot und Wein. Gemeinsam kann nun – nach jahrelangem Studium und Dialog – in dieser strittigen Frage formuliert werden:

> „Die Elemente sind nicht bloße Zeichen: Christi Leib und Blut werden wirklich gegenwärtig und werden wirklich gegeben“ (katholisch/anglikanischer Dialog, Windsor-Erklärung 1971, Nr. 9).

Auch der katholisch/lutherische Dialog kommt zu einem ähnlichen Ergebnis:

> „Gemeinsam bekennen katholische und lutherische Christen die wahre und wirkliche Gegenwart des Herrn in der Eucharistie" (Das Herrenmahl, 1978, Nr. 48).

Der katholisch/reformierte Dialog stimmt darin ebenfalls wesentlich überein:

> *„In der Eucharistie teilt er [Jesus Christus] sich selbst uns mit in der ganzen Realität seiner Gottheit und seiner Menschheit – seinen Leib, Geist und Willen, …"* (Die Gegenwart Christi in Kirche und Welt, 1977, Nr. 83).

Über diese *bilateralen* [von zwei Seiten geführten] Dialoge hinaus konnte sogar im *multilateralen* [von mehreren Seiten geführten] Dialog von Katholiken, Orthodoxen und Protestanten im Lima-Dokument von 1982 gemeinsam formuliert werden:

> „… das eucharistische Mahl ist das Sakrament des Leibes und Blutes Christi, das Sakrament seiner wirklichen Gegenwart (Realpräsenz) … die Art der Gegenwart Christi in der Eucharistie ist einzigartig" (Taufe, Eucharistie und Amt, 1982, hier: Eucharistie, Nr. 13).

In diesen Aussagen zeichnet sich eine grundlegende Übereinstimmung der allermeisten christlichen Kirchen ab. Die ökumenische Theologie kann diese Gegenwartsweise als *„Realpräsenz"* bezeichnen: Jesus Christus ist in der Gedächtnisfeier seines Lebens und Sterbens mit seiner ganzen Person (Gottheit, Menschheit, Leib, Geist und Seele) wahrhaft und wirklich gegenwärtig, um sich den Gläubigen zu ihrem Heil zu schenken. Diese Gegenwart kommt durch die von den Versammelten erbetene Herabkunft des Heiligen Geistes *(Epiklese)* zustande und wird vom Glaubenden erkannt, wenn die Worte Jesu gesprochen werden: „Nehmt hin und esset. Dies ist mein Leib … Nehmt hin und trinket. Dies ist mein Blut." Dennoch hängt die Gegenwart Christi nicht vom Glauben des Einzelnen ab, weil sie eine Wirklichkeit ist, über die der Mensch nicht verfügen kann, die er aber in seinem Glauben erfahren und empfangen kann.

Differenzen bleiben allerdings zwischen den einzelnen Kirchen in der Frage, *wie* die Gegenwart Jesu Christi zustande kommt: Durch eine „Wandlung“ (kath./orth.) oder durch ein „Hinzukommen“ (luth.). Ebenso ist strittig, in welcher *genauen* Beziehung die Elemente von Brot und Wein zur realen und personalen Gegenwart Jesu Christi stehen. Eher sakramental denkende Christen (Römische Katholiken; Orthodoxe; viele Anglikaner; viele Lutheraner) sehen eine sehr enge Verbindung der Realpräsenz Christi zu den eucharistischen Elementen. Andere Christen (Reformierte; viele Evangelisch-Unierte; einige Anglikaner; Freikirchen) halten die Gegenwart Jesu Christi für nicht wesentlich an Brot und Wein gebunden.

In diesem Zusammenhang spielt auch die Lehre und Praxis der Aufbewahrung und Verehrung der eucharistischen Elemente nach der Feier eine besondere Rolle. Die römisch-katholische und die orthodoxe Kirche kennen eine Aufbewahrung und Verehrung des konsekrierten Brotes (und Weines). Zwar gilt es für den Protestantismus generell, dass er die ausdrückliche Gegenwart Christi ausschließlich beim Empfang der Gaben durch den Gläubigen anerkennt und eine *bleibende* Gegenwart Christi im Brot und Wein ablehnt.

Aber auch hier gibt es Bewegung: Es besteht bei den protestantischen Kirchen, die die Realpräsenz Christi an die konsekrierten Gaben von Brot und Wein gebunden sehen, die Neigung, die Reste der eucharistischen Kommunion beim Verzehr nach dem Gottesdienst mit einem gewissen Respekt zu behandeln. Katholischerseits kommt man hingegen immer mehr zu der Erkenntnis, dass die eucharistischen Gaben auf die Kommunion, d. h. auf den Verzehr, ausgerichtet sind, weil es sich bei der Eucharistiefeier wesentlich um eine *Mahlfeier* handelt und deshalb eucharistische

Frömmigkeitsformen (wie die Verehrung des konsekrierten Brotes) auf diese Feier bezogen bleiben sollten.

Die Eucharistie als Opfer

Die christlichen Kirchen bewegen sich wie bei der Realpräsenz ebenso auch in der Frage des Opfercharakters der Eucharistie aufeinander zu. Beide Komplexe hängen zusammen: Gerade weil Jesus Christus im Brot und Wein real mit seiner ganzen Person gegenwärtig ist, ist er dies auch als am Kreuz Hingegebener (Geopferter). Das bedeutet, dass die Gegenwart Jesu Christi auch seine (gesamte!) Lebenshingabe an Gott-Vater (aus Liebe) für die Menschen mit einschließt. Die äußeren Ereignisse, von denen Jesus unmittelbar betroffen war (vor allem die Kreuzigung) und in denen seine innere Haltung der bedingungslosen Liebe zum Ausdruck kommt, bleiben zwar zeitlich *einmalige* Akte, doch wird mit seiner Person die Liebeshaltung gegenwärtig, die ihr Grund gewesen sind. Theologisch im Vordergrund steht daher auch in der Frage des Opfers die *Gegenwart der Person Jesu Christi*, da sein Opfer *Selbstopfer* bedeutet.

Vor diesem Hintergrund lassen sich einige gemeinsame grundlegende Überzeugungen erkennen. So heißt es im deutschen katholisch/lutherischen Dialog:

> „Es ist heute geklärt, daß weder das Herrenmahl noch eine andere kirchliche Handlung als Wiederholung des Kreuzesopfers Christi gedeutet werden darf … Andererseits entspricht es dem Glauben auch der evangelisch-lutherischen Kirche, daß die Präsenz von Leib und Blut im Abendmahl die Gegenwart des geopferten Christus ist; insofern ist das Opfer Christi im Herrenmahl gegenwärtig, das ja auch vor Gott nicht Vergangenheit ist, sondern bleibend gültig …" (Kirchengemeinschaft in Wort und Sakrament, 1984, Nr. 36).

Auch der Dialog von Katholiken (ebenso wie Protestanten) mit den orthodoxen Kirchen hat in dieser Frage Konsens gebracht, wobei die orthodoxe Theologie ein ganz besonderes Gewicht auf das Wirken des Heiligen Geistes in der Eucharistie legt.

Damit wird deutlich: Es ist gemeinsame Überzeugung von Katholiken, Orthodoxen und Lutheranern, dass in der Eucharistie keine Wiederholung des Kreuzesopfers Christi geschieht. Vielmehr ist durch den Heiligen Geist der sich als „Opfer“ dahin gebende Jesus Christus *als Person* gegenwärtig, so dass *deshalb* das Opfer Christi im Herrenmahl Gegenwart wird.

Ähnlich können es auch reformierte Christen gemeinsam mit der katholischen Kirche formulieren, ohne dabei den Begriff des Opfers ausdrücklich zu erwähnen:

> „Er [Jesus Christus] kommt zu uns, gekleidet in sein Evangelium und sein rettendes Leiden, so daß unsere Teilhabe an ihm Teilhabe an seinem Leib und Blut ist…“ (Die Gegenwart Christi in Kirche und Welt, 1977, Nr. 83).

Auch wenn Reformierte in erster Linie die positiven Wirkungen („Erstlingsfrüchte“) des Opfers Christi in der Eucharistie gegenwärtig sehen (wie etwa die Vergebung der Sünde und den Bund mit Gott) als das einmalige Opfer selbst, so ist doch für Katholiken, Orthodoxe und Protestanten insgesamt entscheidend: In der Eucharistie begegnet den Gläubigen durch das Wirken des Heiligen Geistes der in der einmaligen Hingabe seines Lebens gegenwärtige Jesus Christus und schenkt ihnen sein Heil.

Ungeklärt zwischen Katholiken und Protestanten ist die Frage, ob die Eucharistie nicht nur vergegenwärtigtes Opfer *Christi* ist – hier gibt es grundlegende Gemeinsamkeiten –, sondern ob und wie bei der Eucharistie von einem Opfer der *Kirche* gesprochen werden kann. Für die katholische Theologie ist es wichtig zu sagen, dass die Eucharistiefeier nicht nur ein nachträgliches Lob- und Dankopfer der versammelten Gemeinde für das einmalige Opfer Christi darstellt, sondern auch, dass das vergegenwärtigte *Opfer Christi* zugleich *Opfer der Kirche* ist. Dies begründet sie damit, dass die Kirche das Opfer Christi in der Feier vollzieht („darbringen“ [1.-4. Hochgebet des Römischen Messbuches] im Sinne von „Gott vor Augen stellen“ [3. Hochgebet]). Jedoch ist sie sich ebenfalls bewusst, dass *Jesus Christus der eigentlich Handelnde* in der Eucharistiefeier ist und folglich nur in einem abgeleiteten (sekundären) Sinn von einem Opfer(-handeln) der *Kirche* die Rede sein kann und darf.

In dieser Frage sind protestantische Kirchen sehr zurückhaltend oder bisweilen ablehnend. Sie befürchten, dass mit einer solchen Formulierung das einmalige Opfer Jesu Christi als *alleinige* Quelle des Heils nicht genügend beachtet oder sogar verdunkelt wird (vgl. die Rechtfertigungslehre).

Evangelischerseits wird hervorgehoben, dass der Gottesdienst in erster Linie die Zusage und Gabe des durch das Kreuzesopfer Jesu Christi geschehenen Heils ist. Dennoch wird nicht bezweifelt, dass der Gottesdienst *auch* ein Lob- und Dankopfer der Gemeinde darstellt für das von Gott geschenkte Heil.

Daher ist zumindest die lutherische Theologie bereit, dem Handeln des Pfarrers bzw. der versammelten Gemeinde beim Abendmahl eine dem Kreuzesopfer Christi nachgeordnete Bedeutung zuzugestehen.

> „... Dankend und lobend dürfen wir Gott dem Vater in der Kraft des Heiligen Geistes das Selbstopfer seines Sohnes im Gebet vorhalten“ (Kirchengemeinschaft in Wort und Sakrament, 1984, Nr. 38).

Damit wird deutlich: Die evangelische Theologie betont stärker die *Unterscheidung* und Reihenfolge des Opfers Christi und des (Lob- und Dank-)Opfers der Kirche. Die katholische Theologie erkennt dies ebenfalls an. Allerdings ist ihr ebenso die Vorstellung wichtig, dass das Lob- und Dankopfer der zur Eucharistie versammelten Kirche mit in das gegenwärtige Opfer Christi *eingeht*, um die *Einheit der Hingabe aus Liebe* von Christus und Gläubigen vor Gott dem Vater zu betonen (vgl. Abb. S. 100).

Evangelisch:

Teilhabe des Gläubigen am geopferten Christus im Abendmahl ➔ anschließendes Lob- und Dankopfer der versammelten Gemeinde (in Form von Dankgebet und Dienst an der Welt)

Katholisch/Orthodox:

Teilhabe der Gläubigen am vergegenwärtigten Opfer Christi ➔ Ermöglichung der Hineinnahme des Lob- und Dankopfers der Kirche in die Hingabe Jesu an Gott-Vater ➔ anschließendes Lob- und Dankopfer der versammelten Gemeinde (in Form von Dankgebet und Dienst an der Welt)

Das Opferverständnis der Kirchen bezüglich des Herrenmahls

Auch wenn sich Katholiken (bzw. Orthodoxe) und evangelische Christen in der genauen Beziehung des Handelns Christi zum Handeln der Kirche in der Eucharistie nicht eins sind und in der Frage nach der Dauer der Gegenwart Christi ebenfalls keine Einigkeit besteht, so ist es dennoch gemeinsame Grundüberzeugung: Der sich ein für alle Mal opfernde Jesus Christus setzt sich in der Eucharistie selbst gegenwärtig, um sich den versammelten Gläubigen zu schenken.

Eucharistie und Einheit der Kirche

Für viele katholische und evangelische Gläubige stellt sich die dringende und wichtige Frage: Warum können wir nicht gemeinsam Eucharistie feiern oder uns gegenseitig zum Mahl einladen, wenn wir doch gemeinsam glauben, dass sich uns der im Mahl gegenwärtige Herr Jesus Christus schenken will? Ist es nicht der Herr selbst, der *alle* seine Jünger einlädt? Warum haben Kirchen das Recht, Christen anderer Kirchen von der Eucharistie abzuweisen? Mit diesen Fragen ist das grundsätzliche Verhältnis von Gemeinschaft im Gottesdienst und Kirchengemeinschaft (Einheit der Gläubigen) angesprochen.

Evangelischerseits wird Folgendes zum Verhältnis von Gottesdienst- und Kirchengemeinschaft gesagt: Gott bzw. Jesus Christus selbst lädt zum Gottesdienst, insbesondere zum Abendmahl, ein. Er will Menschen, die an ihn glauben, versöhnen und zusammenführen; er will sie immer mehr einen. Dies tut er mit seinem zu verkündigenden Wort und mit dem gemeinsamen Abendmahl. Wer in der Gemeinde im Glauben das Wort Gottes hört und das Mahl feiert, erhält die Versöhnung durch Gott und vertieft die Gemeinschaft mit Gott *und* mit den Gemeindegliedern. Je intensiver (und je häufiger) dies geschieht, umso mehr wächst auch diese Gemeinschaft (mit Gott und mit den anderen). Damit wird das Abendmahl ein *Mittel* auf dem Weg zur (Kirchen-) Gemeinschaft aller Christen. Gott selbst stellt dieses Mittel bereit. Aus dieser Argumentation heraus sehen sich die meisten evangelischen Kirchen imstande, Katholiken zum (evangelischen) Abendmahl einzuladen oder sogar eine gemeinsame Feier des Herrenmahls von Katholiken und Protestanten zu befürworten.

Katholischer- und orthodoxerseits hingegen lässt sich die Eucharistiefeier (als Vollform des Gottesdienstes) nur im Zusammenhang mit der →*Kirche* verstehen. Die *Kirche* feiert Eucharistie. Sie ist dazu beauftragt und bevollmächtigt aufgrund des Gebots des Herrn: „Tut dies zu meinem Gedächtnis". Die Eucharistie ist damit sowohl Tun Gottes als auch Tun der Kirche. Wenn die Kirche als Gemeinschaft der Gläubigen Eucharistie feiert, dann tut sie das als *Glaubensgemeinschaft*, d. h. als Gemeinschaft der Gläubigen. Zu diesem Glauben gehört eine wesentliche Übereinstimmung im Verständnis der Sakramente und des kirchlichen Amtes sowie der Kirche selbst. Dann aber kann eine Gemeinschaft in der Eucharistie nicht von einem gemeinsamen Verständnis von Sakramenten, Amt und Kirche getrennt werden: Gottesdienstgemeinschaft spiegelt Sakraments-, Amts- und damit Kirchengemeinschaft wider.

Folglich kann die Eucharistie nach katholischem und orthodoxem Verständnis kein bloßes Mittel zur Erlangung der noch ausstehenden vollen Einheit der Kirchen sein. Das gemeinsame Herrenmahl als Ausdruck voller Kirchengemeinschaft ist vielmehr *Ziel* der Einigungsbemühungen.

Solange noch wichtige Unterschiede zwischen Katholiken bzw. Orthodoxen und Protestanten im Verständnis von Sakramenten, Amt und Kirche theologisch aufgearbeitet und versöhnt werden müssen (im Sinne eines differenzierten Konsenses, nicht im Sinne einer Einheitlichkeit!), kann es nach katholischem Verständnis noch keine gemeinsame Eucharistiefeier von katholischen und protestantischen Christen geben (zum katholisch-orthodoxen Verhältnis siehe weiter unten).

Allerdings gibt es unter bestimmten Bedingungen Ausnahmen für eine volle Teilnahme von Protestanten an einer katholischen Eucharistie (unter Todesgefahr und bei einer „schweren Notlage") (vgl. Text S. 103). Für orthodoxe Kirchen gilt der Grundsatz einer Zusammengehörigkeit von Kirchen- und Eucharistiegemeinschaft jedoch noch strikter.

Der eigentliche Problempunkt ist nicht das Abendmahls-, sondern das Amtsverständnis. Nach katholischer Überzeugung haben die Protestanten vor allem wegen des „Mangels" („defectus") hinsichtlich des Weihesakramentes „die ursprüngliche und vollständige Wirklichkeit" („substantia") der Eucharistie nicht bewahrt (Dekret über den Ökumenismus [UR] Nr. 22). Damit macht die katholische Theologie auf die Verknüpfung von Eucharistie, Amt und Kirchengemeinschaft aufmerksam: Jedes Herrenmahl soll ihrer Meinung nach auch das Gegenüber von Mahlherrn (Christus) und Mahlgästen (Gläubige) abbilden. Als Vertreter des Mahlherrn fungiert der amtlich bestellte Priester

„… unter Gewissen Umständen, in Ausnahmefällen und unter gewissen Bedingungen [kann] der Zutritt zu diesen Sakramenten (Eucharistie, Buße, Krankensalbung) Christen anderer Kirchen und kirchlicher Gemeinschaften gewährt oder sogar empfohlen werden … Wenn Todesgefahr besteht, können katholische Spender diese Sakramente … spenden. In anderen Fällen wird streng empfohlen, daß der Diözesanbischof allgemeine Normen aufstellt, die dienlich sind, um zu beurteilen, welche Situationen als ernste und dringende Notwendigkeiten zu bewerten … sind".

Geltende Bestimmung der katholischen Kirche für die Zulassung reformatorischer Christen zu den Sakramenten von Eucharistie, Buße und Krankensalbung. Quelle: Päpstlicher Rat zur Förderung der Einheit der Christen, Direktorium zur Ausführung der Prinzipien und Normen über den Ökumenismus (Verlautbarungen des Apostolischen Stuhls 110), Bonn 1993, Nr. 129; Nr. 130

(oder Bischof), der durch die Weihe zu diesem Amt befähigt wird. Wie wir oben gesehen haben, muss er nach katholischer Überzeugung in der bischöflichen Sukzession unmittelbar (als Bischof) oder mittelbar (über einen Bischof) stehen und folglich mit dem weltweiten Kollegium der Amtsträger und ihren Kirchen verbunden sein. Die katholische Kirche hat aber starke Bedenken, ob diese Voraussetzung durch die reformatorischen Amtsträger erfüllt wird. Weil sich nach altkirchlichem Vorbild nur diejenigen Gemeinden bzw. Ortskirchen gegenseitig Eucharistie- und damit Kirchengemeinschaft erklärten, die diese Voraussetzung beachteten, sieht sich die katholische Kirche nicht imstande, mit Protestanten eine Amts- und damit auch eine Eucharistiegemeinschaft einzugehen.

Weitere wichtige Schritte (vor allem mit Blick auf das Amts- und Kirchenverständnis) sind deshalb noch notwendig, um zu einer vollen sichtbaren Einheit aller christlichen Kirchen zu gelangen. Dies darf die Kirchen aber nicht davon abhalten, der wachsenden Kirchengemeinschaft im Gottesdienst Ausdruck zu geben.

Allerdings wäre es falsch zu behaupten, eine Gemeinschaft von Katholiken und Protestanten im Gottesdienst sei *grundsätzlich* erst bei einer vollen Kirchen- und Glaubensgemeinschaft möglich. Vielmehr ist es eine grundlegende ökumenische Erkenntnis, dass es schon jetzt *ein einigendes kirchliches Band* zwischen Katholiken und Protestanten gibt, das eine zwar begrenzte, aber dennoch *wirkliche Gottesdienstgemeinschaft* ermöglicht *und* erfordert. Dies bedeutet zumindest für Katholiken, dass es so viel an Gottesdienstgemeinschaft geben darf und soll, wie es an Glaubens- und Kirchengemeinschaft zwischen den Konfessionen schon jetzt gibt: Wir dürfen und sollen das gemeinsam feiern bzw. praktizieren, worin wir bereits jetzt dem Glauben und der Sendung nach übereinstimmen.

Dazu gehören Wortgottesdienste (Gemeindegottesdienste, Gebetsgottesdienste zu bestimmten Anlässen [z. B. zu Ökumenischen Bibelwochen; Einkehrtagen; zum Weltgebetstag der Frauen], Schulgottesdienste), Gebetsfeiern und Andachten.

Auch hier war ein entscheidender Schritt zur Vertiefung der bestehenden Glaubens- und damit auch Gottesdienstgemeinschaft die Unterzeichnung der Gemeinsamen Erklärung zur Rechtfertigungslehre. Wenn sich Katholiken und Lutheraner im entscheidenden Verständnis des Evangeliums einig sind, dann kann diese Grundübereinstimmung auch in einer tieferen Gemeinschaft im Gottesdienst ihren Ausdruck finden, als es bislang der Fall war.

Wäre es dann z. B. nicht angebracht, die bestehende kirchenrechtliche Ordnung so zu ändern, dass zu bestimmten Anlässen Amtsträger der jeweils anderen Konfession zur Predigt im Gottesdienst eingeladen werden dürfen, um das Evangelium zu deuten? Könnten und sollten nicht viel häufiger Gottesdienste und Gebete gemeinsam stattfinden?

Viel enger als mit den reformatorischen Kirchen ist die

Gemeinschaft mit den Kirchen des Ostens. Daher ist für die katholische Kirche mit den Orthodoxen begrenzte Gottesdienstgemeinschaft auch in der *Eucharistie* möglich. Orthodoxen Christen wird im Einzelfall gestattet, an der Eucharistie teilzunehmen, allerdings unter der Voraussetzung, dass sie das geistliche Wohl dazu drängt und sie zugleich kein Ärgernis für ihre eigene Kirche darstellen. Dennoch besteht auch mit den Orthodoxen keine volle Kirchengemeinschaft, da es weiterhin Differenzen in der Frage des Papstamtes gibt, das die Orthodoxie in seiner jetzigen Form nicht anzuerkennen bereit ist (vgl. Abb. unten).

Historische Begegnung am 5. 1. 1966 in Jerusalem: Papst Paul VI. und der Ökumenische Patriarch Athenagoras von Konstantinopel. Quelle: KNA-Bild

(5) Die Amtsfrage

Für viele Theologen gilt sie als entscheidendes Hindernis auf dem Weg zur vollen Eucharistie- und Kirchengemeinschaft von Protestanten und Katholiken. Mit der →„*Amtsfrage*" ist ein ganzes Bündel von Einzelproblemen gemeint, das im Zusammenhang mit der apostolischen Sendung der Kirche auftaucht.

Die Kirche sieht sich vom auferstandenen Christus berufen, bevollmächtigt und *gesandt*, das den Aposteln übergebene und von ihnen weiter überlieferte Evangelium allen Menschen aller Zeiten zu verkünden und zu bezeugen. Diese Sendung gilt nach katholischem Verständnis grundsätzlich für alle Glieder der Kirche *und* zugleich in einem spezifischen Sinn für die Nachfolger der Apostel im Amt der Leitung der Gemeinden.

Auch wenn es zur Zeit des Neuen Testaments noch eine Vielzahl unterschiedlicher Gemeindeämter und -dienste gab, so entwickelte sich doch sehr bald eine dreigliedrige Ordnung des kirchlichen Leitungsamtes aus *Diakonen*, *Priestern* (→„*Presbytern*") und *Bischöfen.* In der katholischen, orthodoxen und anglikanischen Kirche (sowie in einigen lutherischen Kirchen) besteht sie weiterhin in dieser Form. Während die katholische und die orthodoxe Kirche diese Struktur bis zur Stunde beibehalten haben, wurde sie von der Reformation des 16. Jahrhunderts hinterfragt.

Wieso kam es zur Trennung bei den Ämtern?

Wie wir sahen, kommt nach der katholischen Lehre die Wahrung der für die Kirche grundlegenden Apostolizität vor allem den Amtsträgern (Bischöfen) zu, die in bischöflicher →*Sukzession* stehen. Auch Luther und seine Anhänger bemühten sich anfangs darum, die Sukzession der Amtsträger zu wahren. Da aber zumindest in Deutschland die Bischöfe nicht für die neue Lehre zu gewinnen waren, ging die reformatorische Bewegung dazu über, Priester mit der Weihe anderer Priester zu beauftragen. Zwei Gründe waren bestimmend. Nach damaliger kirchenrechtlicher Auffassung unterschieden sich Bischof und Priester nicht hinsichtlich der sakramentalen, sondern nur der jurisdiktionellen Vollmacht. Wenn damals Priester keine anderen Priester weihten, lag das zufolge dieser Theorie nur in einem Rechtsverbot begründet, nicht in einer sachlichen Problematik. So glaubten die Reformatoren, lediglich gegen das Kirchenrecht zu verstoßen. Darüber hinaus lehnten sie das rein formale Verständnis der Sukzession ab: Nicht die Form der Amtsweitergabe, die Handauflegung, ist entscheidend, sondern ein Leben aus dem Geist der Apostel, die Treue zum Inhalt (Materie) ihrer Verkündigung, d. h. für Luther vor allem, die Lehre von der Rechtfertigung. Das Wesen der Sukzession ist also die inhaltliche Seite des Geschehens. Weil aber grundsätzlich allen Christen diese zugänglich und überlieferbar ist, sind grundsätzlich alle Christen durch die Taufe „Amtsträger"; die formale Bestellung (Ordination) für Verkündigung und Sakramentenverwaltung ist nur mehr eine rechtliche, keine sakramentale Angelegenheit. Die Gemeinde muss ihre rechte Ordnung haben. Man bezeichnet diese Lehre als die Lehre vom „gemeinsamen Priestertum aller Getauften".

In der Reformation, die von Calvin und Zwingli ausging, wollte man anders als bei Luther bewusst einen klaren Bruch zur überlieferten Ämterordnung der Katholischen Kirche vollziehen. Dazu bediente man sich zeitweise auch der Mithilfe der staatlichen Obrigkeit. Vor Augen hatte man dabei eine (auch sichtbar) „von Gottes Wort *reformierte Kirche*". Später ist dieser Begriff („reformierte Kirche") zur Konfessionsbezeichnung von Kirchen geworden, die aus der Reformation von u. a. Calvin und Zwingli hervorgingen. Beide Reformatoren lehnten ebenso wie Luther das (katholische) Priestertum des geweihten Amtes ab. Bei der Ausarbeitung einer neuen Kirchenordnung besann sich Calvin auf die im Neuen Testament beschriebenen vier grundlegenden Gemeindedienste: die *Pastoren* (als Kollegium), die *Lehrer* für den Unterricht, die *Diakone* für den Dienst an den Armen und Kranken sowie die *Ältesten* (*Presbyter*) für die Gemeindeordnung („Kirchenzucht"). Diese vier Dienste wurden jedoch deutlich als Teil des gemeinsamen Priestertums aller Getauften beschrieben. Zusammen mit den Pastoren bilden die Ältesten den *Kirchenrat* (*Konsistorium*). Dieser überwacht das Gemeindeleben sowie die einzelnen Gemeindemitglieder und verhängt notfalls auch Kirchenzuchtmaßnahmen. Es dauerte allerdings aufgrund politischer Umstände eine gewisse Zeit, bis sich diese Kirchenordnung in Genf – der Stadt, in der Calvin lange Zeit wirkte – und anderswo durchsetzte.

Die Ämterordnung der englischen Kirche lässt sich ebenfalls nicht ohne Hinweis auf die politischen Zusammenhänge verstehen. Erste Kirchenreformen wurden bereits (heimlich) zu Lebzeiten von König Heinrich VIII. durch den Erzbischof von Canterbury, *Thomas Cranmer*, in die Wege geleitet. Heinrich hatte die englische Kirche hingegen lediglich vom rechtlichen Anspruch des Papstes gelöst, dabei aber sowohl das katholische Glaubenserbe als auch die katholische Amtstruktur bewahrt. Die Reformation setzte sich erst tief greifender in der Regierungszeit des minderjährigen Königs Eduard VI. durch und konnte sich trotz einiger Rückschläge durch die Regentschaft der katholischen Königin Maria Tudor („Maria die Blutige") unter Elizabeth I. (1558–1603) dauerhaft festigen. Bei der Weihe von *Matthew Parker* zum Bischof 1559, der danach protestantischer Erzbischof von Canterbury unter Elizabeth I. werden sollte, war die Krone sehr darauf bedacht, zumindest die *äußere*, d. h. *sichtbare* Sukzession im bischöflichen Amt nicht abreißen zu lassen. Dennoch entschied die katholische Kirche 1896 (erst mehr als dreihundert Jahre später!), dass die anglikanischen Weihen kirchenrechtlich ungültig sind. Begründet wurde dies mit einem inhaltlichen Mangel, den man in den anglikanischen Ordinationsformularen (*Ordinale*) aus dem 16. Jahrhundert zu finden glaubte: Es fehlte der ausdrückliche Bezug des neu ordinierten Amtsträgers zur Eucharistie als ein von ihm darzubringendes „Opfer". Wie die rechtliche Gültigkeit der anglikanischen Weihen künftig zu beurteilen ist, hängt somit entscheidend vom theologischen Verständnis des Zusammenhangs von Amt und Eucharistie ab.

Die orthodoxen Kirchen haben nach katholischem Verständnis das überlieferte apostolische Amt bewahrt. Nach katholischer Auffassung besteht sowohl die bischöfliche Sukzession wie auch die Apostolizität von Glaube und Leben.

Gemeinsamkeiten und Differenzen im Amtsverständnis

Es ist grundlegende ökumenische Erkenntnis, dass das kirchliche Amt nicht losgelöst vom Gesamtzusammenhang des Glaubens und Selbstverständnisses der Kirche betrachtet werden darf.

Eine gemeinsame Basis für die Bewältigung der noch offenen Fragen ist daher das Verständnis von der Sendung der *ganzen* Kirche. So heißt es im katholisch/lutherischen Dialog stellvertretend für die von allen christlichen Kirchen als grundlegend erkannte Einsicht:

> „Martyria, Leiturgia und Diakonia (Zeugnis, Gottesdienst und Dienst am Mitmenschen) sind dem gesamten Volk Gottes aufgetragen. Jeder Christ hat sein Charisma [Gabe und Befähigung aus Gnade] zum Dienst für Gott und an der Welt wie zum Aufbau des einen Leibes Christi ... Durch die Taufe bilden alle das eine priesterliche Volk Gottes ... Alle sind berufen und gesandt, prophetisch Zeugnis zu geben vom Evangelium Jesu Christi, gemeinsam Gottesdienst zu feiern und den Menschen zu dienen" (Das geistliche Amt in der Kirche, 1981, 13).

Darüber hinaus stimmen Lutheraner und Katholiken darin überein, dass es innerhalb des einen priesterlichen Volkes Gottes, der Kirche, verschiedene Ämter und Dienste gibt, zu denen auch das Amt der öffentlichen Verkündigung des Evangeliums gehört. Beide Seiten sind sich ebenfalls darin einig, dass „das Amt sowohl gegenüber der Gemeinde wie in der Gemeinde steht" (Das Evangelium und die Kirche, 1972, Nr. 50). Dies bedeutet, dass das besondere kirchliche Amt das Evangelium „an Christi statt" (2 Kor 5,20), d. h. im Namen Christi, der Gemeinde zu verkündigen hat. Die Botschaft von der bedingungslosen Liebe Gottes zu den Menschen ist nicht in der Verfügungsgewalt der Gemeinde, sondern kommt von Gott selbst. Deshalb steht das Amt sowohl *in der Gemeinde* wie auch *ihr gegenüber*, um ihr die unverfügbare „Frohe Botschaft" Gottes zu sagen. Das Amt ist Teil der Kirche, insofern es selbst das Evangelium empfängt und unter seiner Verheißung und seinem Anspruch steht. Das Amt steht der Kirche aber auch gegenüber, weil sich die Gemeinde die Verheißung und den Anspruch des Evangeliums sagen lassen muss. Folglich ist nach lutherischer und katholischer Überzeugung das Amt kein „Job" aus der Delegation der Gemeinde. Vielmehr ist es gemeinsames Bekenntnis, dass *„Gott das Predigtamt eingesetzt [hat], …"* (Confessio Augustana, Art. 5).

Die Übertragung dieses Amtes auf ein Gemeindemitglied geschieht, indem der Amtskandidat in einem Akt des Gebetes und der Handauflegung unter Anrufung des Heiligen Geistes dazu öffentlich berufen und gesandt wird, im Namen Christi und der Gemeinde das Evangelium zu verkünden und die Sakramente Christi der Gemeinde zu reichen. Dieser Akt wird →*Ordination* (von lat. „ordo", dt. „[geistliches] Amt") genannt. Er ist unwiederholbar.

Die Frage, welcher Personenkreis (Männer, Frauen, Unverheiratete, Verheiratete) in dieses Amt von der jeweiligen Kirche berufen bzw. nicht berufen wird, berührt nach Überzeugung des katholisch/anglikanischen Dialogs nicht das Fundament, auf dem ein gemeinsames Amtsverständnis ruht (Amt und Ordination, Erläuterung, 1979, Nr. 5). Das bedeutet, Kirchen können an unterschiedlichen Ordnungen in dieser Frage festhalten, ohne damit den erreichten Konsens in der Amtsfrage zerstören zu *müssen*. Allerdings ist das katholische und orthodoxe Verbot der Priesterweihe von Frauen bzw. die Zulassung von Frauen zum Amt in protestantischen Kirchen als ein ökumenisches Problem von zunehmendem Gewicht nicht zu unterschätzen.

Katholiken und Lutheraner stimmen neben einer zunehmenden *Konvergenz* im Ordinationsverständnis darin überein, dass das geistliche Amt wesentlich *eins* ist und „aus göttlicher Einsetzung kommt" (Zweites Vatikanisches Konzil, Konstitution über die Kirche, Nr. 28; vgl. Confessio Augustana, Art. 5). Dieses *eine* Amt ist das Amt der Verkündigung, Leitung und Lehre der Gemeinde (Kirche). Es hat somit *bischöflichen*, d. h. nichts anderes als leitenden Charakter. Für Katholiken und Orthodoxe gibt es zwar die traditionelle Ausdifferenzierung in drei verschiedene Stufen (Diakon, Priester, Bischof), doch gilt auch hier, dass das *Bischofsamt* das eigentliche *eine* geistliche Amt in der Kirche darstellt, an dem die Priester und Diakone auf jeweils ihre Weise teilhaben. Lutherischerseits wird besonders die Einheit des Amtes betont: Sowohl die Gemeindepfarrer als auch die Superintendenten, Präsides und (Landes-)Bischöfe üben den *einen* (*bischöflichen*) Dienst der Leitung aus. Gleichwohl sind Lutheraner angesichts der sehr alten Tradition des dreigliederigen Amtes auch bereit, die geschichtliche Entfaltung des geistlichen Standes „in ein mehr lokales [d. h. Ortsebene: Pfarrer] und in ein mehr regionales Amt [Regionalebene: Bischof]" als ein Geschehen *„unter dem Beistand des Heiligen Geistes"* zu bezeichnen (Das geistliche Amt in der Kirche, 1981, Nr. 49) und damit positiv zu beurteilen.

Im Unterschied zu den katholischen, orthodoxen und lutherischen Kirchen bezeichnen die reformierten Kirchen und die Freikirchen die Beauftragung der *ganzen* (Gemeinde) Kirche zur Sendung als „Amt". Die Aufgabe des ordinierten Predigers wird hingegen als ein „Dienst" neben mehreren anderen „Diensten" (wie z. B. Gemeindeältester, Lehrer, Diakon, Kantor u. a.) bezeichnet, die alle zu dem einen „Amt" der Gemeinde gehören und ihr zu dienen haben. Aber auch nach reformiertem Verständnis hat sich die Gemeinde das Amt, einschließlich des ordinierten Dienstes, nicht selbst gegeben, sondern *empfangen* als Beauftragung von *Gott*. Deutlicher als bei Lutheranern und in Differenz zur katholischen Kirche wird in den reformierten Kirchen die Funktion der Leitung von einem *Kollegium* von ordinierten wie nichtordinierten Personen auf den verschiedenen Ebenen der Kirche ausgeübt.

Die eigentliche theologische Differenz des katholischen zum reformatorischen Amtsverständnis ist die Bedeutung, die der Ordination, der Bestellung zum Amt, beigemessen wird. Nach katholischer Überzeugung ist sie eine sakramentale Weihe. Sie zeigt an, dass der Ordinierte nicht einfach ein Delegierter der Gemeinde ist; sie gibt aber nicht an, dass er ein besserer Christ (geworden) sei. Vielmehr wird er durch die Weihe mit einer besonderen, der amtlichen Beauftragung vom Herrn der Kirche selbst (er gilt als der eigentliche Sakramentenspender) beschenkt. Für evangelische Christen dagegen erhält der Ordinierte eine öffentliche Berufung zu Tätigkeiten, die an sich jeder Christ und jede Christin dank der Taufe ausüben kann. Die Taufe allein begründet die Amtsfähigkeit, die Ordination setzt sie lediglich für eine bestimmte Gemeinde um der Ordnung willen frei.

Damit wird auch deutlich, warum die evangelische im Unterschied zur katholischen und orthodoxen Theologie das ordinierte Amt nicht für ein wesentliches Merkmal des Kircheseins hält. Vielmehr bauen die beiden Sakramente der *Taufe* und des *Abendmahls* neben der Verkündigung des Evangeliums die Kirche *geistlich* auf. Das Amt ist zwar zur Verkündigung des Evangeliums und der Sakramentsverwaltung notwendig, doch ist es nach evangelischem Verständnis kein eigener zeichenhafter geistlicher „Ort“ des Handelns Gottes in der Kirche wie das Evangelium und die Sakramente.

Nach katholischem und orthodoxem Verständnis ist das geistliche Amt *wesentlich* für das Leben der Kirche. Jedoch ist es kein eigenständiger oder unabhängiger „Ort“ in der Kirche. Gerade weil es der ganzen Kirche zu dienen hat, ist es ganz entscheidend auf den überlieferten apostolischen Glauben und auf die ganze Kirche, d. h. das Volk der Gläubigen, angewiesen und verwiesen. Die bislang kontroverse Zuspitzung des Unterschiedes lautete dabei so:

> *Katholisch/Orthodox:* Wo der Bischof ist, da ist die Kirche.
> *Evangelisch:* Wo das Evangelium (rein) gepredigt wird [und die Sakramente stiftungsgemäß „verwaltet“ werden], da ist die Kirche.

Auf katholischer Seite ist man zu der Einsicht gekommen, dass nicht das Vorhandensein des Bischofsamtes als solches über das Kirchesein einer Konfession entscheiden kann, sondern die Frage, ob der Bischof den überlieferten apostolischen Glauben in der Gemeinschaft der Gläubigen bewahrt:

> *Katholisch*: Wo der Bischof in apostolischer Verbundenheit mit seinem Volk steht, das *Evangelium* verkündet und die Eucharistie (die Sakramente) feiert, da ist die Kirche Christi anwesend (vgl. Zweites Vatikanisches Konzil, Konstitution über die Kirche, Nr. 26).

Evangelischerseits hat man hingegen zunehmend erkannt, dass die Verkündigung des Evangeliums und die „Verwaltung“ der Sakramente notwendigerweise auch das *Amt* (der Verkündigung) mit einschließt:

> *Evangelisch*: Wo das Evangelium vom Amt (rein) gepredigt wird [und die Sakramente vom Amt stiftungsgemäß „verwaltet“ werden], da ist die Kirche Christi.

Somit wird auf beiden Seiten – allerdings aus unterschiedlichen Blickwinkeln – deutlich, dass die Amtsfrage nicht vom Glaubensinhalt der Kirche gelöst werden kann. Vielmehr steht das Amt in seiner Sendung ganz und gar im Dienst an der Verkündigung (Weitergabe) des Evangeliums und der Spendung der Sakramente.

Dies bedeutet allerdings nicht, dass damit die katholisch/evangelischen Differenzen in der Frage nach dem priesterlichen und sakramentalen Charakter des Amtes behoben sind. Sie erscheinen nun aber in einem anderen Licht. Beide Seiten betonen die wesentliche wechselseitige Beziehung zwischen dem Amt der Verkündigung und der Gemeinde (Kirche) vor Gott.

Das Problem der „apostolischen Sukzession"

Die innere Bezogenheit des Amtes zu Glaube und Sendung der Kirche ist für diese konstitutiv, muss also stets gegeben sein. Denn der eine Glaube an das eine Evangelium vereint die Christinnen und Christen durch alle Zeiten hindurch in ungebrochener Kontinuität. Daher muss es auch eine Kontinuität in der Sendung von Kirche und Amt geben. Diese Kontinuität wird apostolische →*Sukzession* genannt. Wir haben bereits gesehen, welche historische Bedeutung sie besonders in den ersten Jahrhunderten besessen hat (4.1.). Es wurde auch darauf hingewiesen, dass der Begriff unterschiedliche Momente enthält – die ununterbrochene formale Amtsweitergabe, die inhaltliche Überlieferung des Glaubens und Lebens der ersten Generation. Im Laufe der Zeiten richtete sich jedoch alle Aufmerksamkeit auf das formale Moment, die beiden inhaltlichen traten in den Hintergrund.

Unter den verschiedenen Kirchen gab es nie Streit, dass diese Letzteren die wichtigsten sind. Da besteht eine „weitreichende Übereinstimmung", erkannten Lutheraner und Katholiken ausdrücklich (Das geistliche Amt in der Kirche, 1981, Nr. 60). Beide sind aber uneins darüber, welche Bedeutung dem formalen Moment zukommen muss. Für die Katholiken ist die Kontinuität der Sendung im Amt in Form der bischöflichen Handauflegung unverzichtbar, sofern dadurch die inhaltliche Kontinuität im Glauben grundsätzlich bewahrt werden kann (von einzelnen Ausnahmen abgesehen). Für die evangelischen Christen ist die Gemeinschaft der Getauften insgesamt dafür verantwortlich, den Glauben zu bewahren. Eine von der Sendung der Gesamtkirche unterschiedene Sendung des Amtes gibt es für sie nicht. So ist es bedeutungslos, ob jene Kette einmal zerrissen ist oder nicht. Die Apostolizität der Kirche ist im einen wie im anderen Fall unberührt. So kann man sich auf der evangelischen Seite ohne weiteres vorstellen, dass ungeachtet eines Bruches in der Amtsnachfolge (wie er sich zweifellos in der Reformationszeit nach katholischer Interpretation ereignet hat) der volle apostolische Glaube bewahrt worden ist. Für Katholiken und Orthodoxe ist das in dieser Zuspitzung undenkbar.

Der Unterschied ist allerdings nicht absolut. Auch die Reformatoren wussten: Der rechte Glaube bewahrt sich nicht automatisch, sondern bedarf der geistgeleiteten Verkündigung des Evangeliums durch ordinierte Amtsträger. Daher legten sie hohen Wert auf die sorgfältige Auswahl und Ausbildung der Prediger und kirchenleitenden Personen. So lässt sich für katholisches Denken durchaus vorstellen, dass es eine wenigstens beabsichtigte Kontinuität des Amtes gibt: Vom entschiedenen theologischen Wissen und Wollen der Reformatoren her sollte auch die Sendung in der Kirche irgendwie gewahrt bleiben.

Ein solches Verständnis kann der katholischen (und vielleicht auch der orthodoxen) Kirche den bislang noch verschlossenen Weg eröffnen, die Ämter in den evangelischen und anglikanischen Kirchen als „apostolisch" anzuerkennen, wenn von katholischer (und orthodoxer) Seite *verbindlich festgestellt* würde, dass die protestantischen Kirchen den überlieferten apostolischen Glauben und die apostolische Sendung in ihrem Kirchesein bewahrt haben oder zumindest die nachweisliche Absicht hatten bzw. haben, dies zu tun.

Eine solche Feststellung könnte auf folgender Argumentation gründen:

Eine Konfession, deren Glaube apostolisch ist und die in ihrem beständigen geistlichen Amt von der dauerhaften Absicht zeugt, die apostolische Sendung fortzusetzen, kann nicht ohne wirkliches apostolisches Amt sein. Und wo Glaube und Amt apostolisch sind, da sind es auch die Sakramente. Und wo wiederum Glaube, Amt und Sakramente apostolisch sind, da ist auch die (apostolische) Kirche verwirklicht.

Das Problem des päpstlichen Primats

Nach Überzeugung der meisten Theologen ist innerhalb des Komplexes der Amtsfrage das Grund- und Hauptproblem das Amt und die Vollmacht des römischen Papstes. Selbst wenn alle Kirchen sich darauf verständigten, dass es ein personales geistliches Amt in der Kirche Christi geben müsse, ist noch nicht darüber entschieden, ob es Kompetenzen grundsätzlich lediglich auf lokaler oder regionaler Ebene hat oder ob es auch für die universale Kirche überall auf der Welt ein Amt, wie es der Papst beansprucht, geben kann.

Theologisch entscheidend für eine Antwort sind die Daten, die sich aus der Hl. Schrift entnehmen lassen. Zwischen Lutheranern und Katholiken ist heute weitgehend unumstritten, dass bereits die frühe Kirche deutlich Elemente eines derartigen gesamtkirchlichen Amtes herausgearbeitet und mit der Gestalt des Apostels Petrus verknüpft hat. Im Dokument „Communio Sanctorum“ (Paderborn 2000) lesen wir:

> „Die neutestamentlichen Aussagen über Petrus zeigen: Die frühe Kirche hat mit der Gestalt des Petrus Funktionen eines Lehr- und Hirtendienstes verbunden, die sich auf die Gesamtheit der Gemeinden beziehen und in besonderem Maße ihrer Einheit dienen. Darin liegt die gegenwärtige Herausforderung, im ökumenischen Miteinander ganz neu über einen gesamtkirchlichen ‚Petrusdienst‘ nachzudenken“ (Nr. 163).

Der Konsens geht derzeit im Allgemeinen auch so weit, dass dieses petrinische Amt für die Kirche aller Zeiten wesentlich ist und dass es im römischen Papsttum kontinuierlich bewahrt worden ist. Die eigentliche Problematik konzentriert sich auf die Fragen, wie weit die Vollmacht des Papstes im Einzelnen reicht und welche Lehrgewalt ihm zukommt. Die letzten Amtsinhaber haben in aller Öffentlichkeit bekundet, dass ihr Amt ein schweres Hindernis auf dem Weg zur Einheit ist (Paul VI.) und sich zum Dialog darüber mit anderen Kirchenführern bereit erklärt (Johannes Paul II.). Das Verharren auf dem Status quo verteidigt niemand mehr; neue Überlegungen sind erwünscht.

Die eigentliche Problematik wird durch die Papstdogmen des I. Vatikanums offenbar. 1870 legte das Konzil fest, dass der Papst den Jurisdiktionsprimat (Leitungsvorrang) über die ganze Kirche besitze und dass unter bestimmten Bedingungen seine Lehrentscheidungen für alle Christen verbindlich seien (Unfehlbarkeitsdogma). Keine andere christliche Kirche erkennt diese Kompetenzfülle an. Die Orthodoxen können sich allenfalls zur Anerkennung eines Ehrenvorrangs des römischen Bischofs bereit finden. Die Protestanten setzen gegen den Lehrvorrang den Vorbehalt, dass der Christ immer und jederzeit seinen Gewissensüberzeugungen auch gegen päpstliche Entscheidungen verpflichtet ist, weil kein Menschenwort, sondern nur Gottes Wort im Evangelium letzte Verfügbarkeit und Verbindlichkeit einfordern darf. Beide Kirchen lehnen die jurisdiktionelle Oberhoheit Roms über die Ortskirchen streng ab. Nach freikirchlichem und reformiertem Verständnis ist der Leiter der Kirche Christus selber; amtliche Strukturen, und zwar ausschließlich in kollegialer Gestalt kann es lediglich vor Ort geben.

Der Dissens zwischen der katholischen und den großen nichtkatholischen Kirchen liegt weniger in der prinzipiellen Anerkennung der Existenz eines Amtes universalkirchlicher Verantwortung, die dann auch die erforderliche Autorität für die Wahrung der kirchlichen Einheit (der Hirtendienst, von dem das Dokument von 2000 redet) in der Wahrheit des Evangeliums (der Lehrdienst) haben muss.

Der Dissens kommt erst dann voll zum Tragen, wenn es um die Art und Weise der Ausübung des Amtes geht. Auch für die katholische Theologie ist es denkbar, dass der Petrusdienst in Strukturen kollegialer und synodaler Gesamtverantwortung eingebunden ist, so dass die Eigenständigkeit der lokalen und regionalen Gemeinden einschließlich der historischen konfessionellen Ausformungen gewahrt bleibt. Man kann da an die Tatsache erinnern, dass heute mit dem Papsttum in Personeinheit das Amt des Patriarchen des Abendlandes verbunden ist: Viele faktische Kompetenzen sind genau genommen Verwirklichungen nicht des universalkirchlichen, sondern des patriarchalen Dienstes. Sie könnten also gegenüber anderen „Patriarchaten" (als solche ließen sich innerhalb einer geeinten Kirche die Konfessionen begreifen) zurückgenommen werden.

Schwieriger scheint die Frage des Lehranspruchs zu sein. Man darf aber nicht übersehen, dass das I. Vatikanum ihm ziemlich enge Grenzen gesetzt hat. Selbstverständlich darf der Papst nichts für verbindlich erklären, was gegen das Evangelium in der Interpretation durch die kirchliche Glaubensüberlieferung steht. Er kann sich auch nicht über den Gesamtglauben und die Glaubensverantwortung aller Gläubigen hinwegsetzen. Ferner ist er gehalten, vor letztbindenden Entscheidungen sich aller Mittel zu bedienen, um sie vorzubereiten, etwa durch Befragung der Bischöfe und Theologen. Zudem verstand das Konzil von 1870 die Gewaltenfülle des römischen Papstes als eine Art „Notstandsrecht": Wenn die Einheit in der Wahrheit der Kirche anders nicht mehr zu erhalten ist, kommt ihm das letzte, das entscheidende, das verpflichtende Wort zu. Er hat, so ließe sich sagen, nicht die Erstkompetenz, sondern die Letztkompetenz.

In neueren Dialogdokumenten mit der katholischen

Kirche zeigen aus der Reformation kommende Gemeinschaften eine fast überraschende Bereitschaft zur grundsätzlichen Anerkennung des historischen Papstamtes (vgl. die Texte unten).

„Im Rahmen seines weitreichenden Amtes hat der Bischof von Rom als Ausdruck des universalen Primats eine besondere Aufgabe in bezug auf das Erkennen der Wahrheit ... Es ist dieser Glaube [der Glaube aller in der Gemeinschaft Getauften], den der Bischof von Rom unter bestimmten Umständen zu erkennen und deutlich zu machen die Pflicht hat ... Die Annahme des Primats des Bischofs von Rom bedeutet auch die Anerkennung dieses besonderen Amtes des universalen Primats. Wir glauben, daß dies eine Gabe ist, die von allen Kirchen angenommen werden sollte."

Gemeinsames anglikanisch/römisch-katholisches Dokument über die Frage der Autorität eines universalen Primats. Quelle: Anglikanisch/Römisch-Katholische Internationale Dialogkommission, Die Gabe der Autorität, 1998, Nr. 47

„... Gemeinsam können Katholiken und Lutheraner sagen: ... Ein universalkirchlicher Dienst an der Einheit und der Wahrheit der Kirche entspricht dem Wesen und Auftrag der Kirche, die sich auf lokaler, regionaler und universaler Ebene verwirklicht. Er ist daher grundsätzlich als sachentsprechend anzusehen. Dieser Dienst repräsentiert die gesamte Christenheit und hat eine pastorale Aufgabe an allen Teilkirchen."

Gemeinsames katholisch/lutherisches Dokument über die Bedeutung des Petrusamtes für eine geeinte Kirche. Quelle: Bilaterale Arbeitsgruppe der Deutschen Bischofskonferenz und der Vereinigten Evangelisch-Lutherischen Kirche Deutschlands, Communio Sanctorum, Paderborn 2000, Nr. 195

Papst Johannes Paul II. begrüßt den Ratsvorsitzenden der EKD, Bischof Engelhardt nach dem ökumenischen Gottesdienst im Paderborner Dom. Quelle: KNA-Bild

So kann man die vorsichtige Erwartung hegen, dass auf diesem bisher verminten Gelände der ökumenische Prozess in der nahen Zukunft mutig vorankommt (vgl. Abb. oben).

(6) Das Kirchenverständnis

Die Amtsfrage kann nicht unabhängig von der Frage nach der Kirche und ihrem Glauben beantwortet werden. Denn das Amt ist Amt in der Kirche und daher durch ihr Wesen bestimmt.

Differenzen treten erst dort auf, wo nach dem Verhältnis dieser geistlichen Wirklichkeit zur sichtbaren Kirche gefragt wird. Katholisch bildet die Kirche, die im *Glaubensbekenntnis* bekannt wird, eine einzige „komplexe Wirklichkeit“, die „aus menschlichem und göttlichem Element zusammenwächst“ (II. Vatikanisches Konzil, Dogmatische Konstitution über die Kirche, Nr. 8). Damit ist die Kirche sowohl geistliche Teilhabegemeinschaft an Christus als auch sichtbar strukturierte Gemeinschaft. Diese komplexe kirchliche Wirklichkeit lässt sich gegenüber dem Heilshandeln Gottes nach katholischem Verständnis „gleichsam" als „*Sakrament*" beschreiben, indem die Kirche ein (sichtbares) *Zeichen und Werkzeug* für die Einheit Gottes mit den Menschen bildet (Dogmatische Konstitution über die Kirche, Nr. 1). Wie Jesus Christus das „Sakrament" (Zeichen und Werkzeug) Gottes schlechthin gegenüber der Welt ist, so ist die Kirche in einem vom Sakramentsein Christi abgeleiteten Sinne „Sakrament" des fortgesetzten einigenden Handelns Gottes gegenüber der Welt. Damit ist aber nicht gemeint, dass sich die Kirche als göttlich oder quasigöttlich verstehen dürfe. Sie ist in ihrem Handeln nach katholischem Verständnis lediglich der Ort und das Mittel für das Heilshandeln *Gottes* in und an der Welt. Dies ist sie wiederum nur, insofern sie sich „in Christus" befindet, der das eigentliche Sakrament Gottes darstellt. Mit der orthodoxen Theologie besteht bei dieser „sakramentalen" Beschreibung der Kirche weitgehende Übereinstimmung: Die Kirche ist ein dem Mysterium Christi entspringendes sichtbares wirksames Zeichen der in ihr gegenwärtigen unsichtbaren göttlichen Wirklichkeit.

Nach evangelischem Verständnis ist die Kirche die vom dreieinigen Gott durch die Verkündigung des Evangeliums und die „Verwaltung" der Sakramente zusammengerufene Versammlung der Gläubigen (Confessio Augustana, Art. 7). Diese „wahre" Kirche ist innerhalb der sichtbaren Kirche verborgen anwesend. Damit ist die „wahre" Kirche Christi nicht identisch mit der sichtbaren. Letztere ist eine von Gläubigen und Ungläubigen „durchmischte Körperschaft" (lat. „corpus permixtum"), die nicht als ganze den Anspruch erheben darf, „wahre" Kirche Christi zu sein. Diejenigen, die sich „Kirche" *nennen*, sind damit eben nicht auch schon wirklich „Kirche". Nach evangelischer Überzeugung ist die „wahre Kirche" ausschließlich dort, wo *innerhalb der sicht-*

baren Kirche das „wahre“ Evangelium gepredigt wird und die Sakramente „stiftungsgemäß verwaltet“ werden.

Während also die evangelische Theologie *innerhalb* der sichtbaren Kirche zwischen „wahrer“ und „falscher“ Kirche differenziert, stellen die katholische und die orthodoxe Theologie die *Gesamtwirklichkeit der Kirche mit ihrer unsichtbaren und sichtbaren Seite* in ein sakramentales Verhältnis zum göttlichen Heilshandeln.

Dieses unterschiedliche Kirchenverständnis muss sich nicht widersprechen, sondern kann sich gegenseitig ergänzen und korrigieren. Evangelisches Anliegen ist es, um der Reinheit des Evangeliums und der Kirche willen die sichtbare Kirche nicht insgesamt mit der Kirche Jesu Christi gleichzusetzen. Katholisches Anliegen ist es, das Handeln Gottes gegenüber der Kirche (als Gesamtwirklichkeit) und das Handeln der Kirche gegenüber der Welt „sakramental“, d.h. zeichen- und werkzeughaft, zu deuten, um Gottes reales und schöpferisches Heilshandeln gegenüber der Welt hervorzuheben.

Katholische Theologie könnte von der evangelischen Theologie lernen, dass Kirche erst dann wahrhaft Kirche (auch mit Blick auf ihren sakramentalen Anspruch) ist, wenn sie sich einzig und allein *vom Evangelium, d. h. von ihrem Glauben an Jesus Christus her* (vgl. das lutherische *„solus Christus“*), versteht und definiert. Will man dieses Anliegen mit modernen weltlichen Begriffen ausdrücken, so könnte man es als Aufruf zur „Qualitätssicherung“ und „Profilschärfung“ der Kirche bezeichnen.

Evangelische Theologie könnte wiederum von der katholischen Theologie lernen, dass die „wahre“ Kirche in ihrem Zeugnis für Christus in einem zeichenhaft-wirksamen (das Wort „Sakrament“ ist nicht entscheidend) Verhältnis zum Heilshandeln Gottes steht, der die Kirche als Zeichen und Werkzeug verwendet, um sein Heil den Menschen sichtbar zu bringen. Dieses Anliegen ließe sich als „Zielvergewisserung“ bezeichnen.

Damit wird deutlich, dass es im Kirchenverständnis Differenzen gibt, die unterschiedlichen, aber theologisch legitimen Anliegen entspringen. Sie sind aber versöhnbar, sofern sie nicht exklusiv gegeneinander gestellt werden.

(7) Moral und Ethik

Der christliche Glaube ist in erster Linie Nachfolge Christi und daher eine den ganzen Menschen, auch sein Handeln einfordernde Haltung. Seine Echtheit nach innen wie auch nach außen gegenüber den Nichtchristen erweist sich in der Praxis. Dementsprechend legen alle christlichen Kirchen großen Wert auf das gelebte Christentum und mahnen die ethischen und moralischen Maßstäbe des Evangeliums an, die sich im doppelt-einen Gebot der Gottes- und der Nächstenliebe bündeln. Unterschiedlichkeiten zeigen sich allerdings dort, wo es um die Umsetzung ins Detail geht. Sie sind bestimmt durch die Perspektiven, unter denen das ethische Verhalten begründet wird.

Für die katholische und orthodoxe Theologie hat das Evangelium zwar den Charakter der Verheißung, wie auch die evangelischen Christen bekennen, darüber hinaus aber auch den Charakter eines gesetzlichen Gebotszusammenhangs. Die Heilszusage erhebt den verpflichtenden Anspruch, die Zehn Gebote in der Haltung der Liebe zu erfüllen und damit der von Christus empfangenen Rechtfertigung zu entsprechen. Durch sie vermag er dem absoluten Anspruch des Liebesgebotes gerecht zu werden. Verstößt er dagegen, sündigt er also gegen Gott. Dem Menschen ist es aber möglich, durch seine Reue wieder von Gott angenommen zu werden.

Auch für die Lutheraner kann der Sünder gegen die Gebote wieder in Gnaden von Gott angenommen werden, aber auch der Gerechtfertigte bleibt immer noch Sünder: Er ist „gerecht und Sünder zugleich“ (simul iustus et peccator).

Damit ist gemeint, dass seine ihm ureigene ichsüchtige, selbstbezogene, gottabgewandte Existenz bestehen bleibt. Die Gebote sind notwendig, um die Weltordnung aufrecht zu erhalten und die Sündigkeit des Menschen immer wieder aufzudecken. Man kann sagen: Lutheraner sehen das Christsein wie einen täglichen Kampf im Menschen an, bei der die Gnade Gottes die sündige und böse menschliche Haltung immer wieder besiegt. Wie aber wird der Mensch wirklich gerecht? Das ist das besondere Anliegen der reformierten Christen und der Christen in den Freikirchen. Ihre Antwort lautet: durch innere und äußere Heiligung. Sie ist der lebenslange Vorgang im Gefolge der nur einmal geschehenden Rechtfertigung. Durch und in ihm versucht der Gerechtfertigte, nach der Vollkommenheit der Liebe zu streben.

Aus diesen unterschiedlichen ethischen Ansätzen entsteht das ökumenische Problem:

In welchem *grundsätzlichen* Verhältnis steht die allgemeine moralische bzw. ethische *Forderung* nach der Gottes- und Nächstenliebe zu den *Vorgegebenheiten* und Strukturen der Welt (Beruf, Familie, Ehe, Gesellschaft etc.) und der Vernunft des in seinen Fähigkeiten begrenzten Menschen? Muss auf diese Vorgegebenheiten Rücksicht genommen werden (und wenn, dann wie?) oder sind sie nach dem Maßstab des christlichen Glaubens zu verändern? Welche der Vorgegebenheiten müssen sogar als gottwidrig entlarvt und überwunden werden?

Auch wenn sich ein Konsens in der grundsätzlichen Frage nach dem Verhältnis von christlich-moralischer (-ethischer) Forderung und weltlicher Vorgegebenheit erzielen lassen sollte, so bleibt damit die konkrete Anwendung auf den Einzelfall (d. h. die konkrete Herausforderung) offen. Es ist fraglich, ob die Christenheit überhaupt eine solche Einigung im Konkreten herbeiführen kann. Die Christen sind zu sehr Teil der Menschheit und Welt, als dass sie vom Ende der Welt her, d. h. von Gottes Wirklichkeit, überblicken könnten, was entsprechend dem Willen Gottes ständig konkret zu tun ist.

Daher kann eine Einigung in einzelnen moralischen oder ethischen Fragen nicht zu einer weiteren *notwendigen* Voraussetzung für die volle sichtbare Einheit der Kirchen gemacht werden. Vielmehr könnte die Erkenntnis des anglikanisch/katholischen *Dialogs über die Moral* auf eine andere Weise aufgegriffen werden. Der Dialog kommt zur Feststellung: Aufgrund der fortwährenden Trennung in der Kirche sind die Unterschiede in moraltheologischen (ethischen) Urteilen gewachsen (Life in Christ, 1994, Nr. 33). Könnte es dann nicht möglich sein, dass diese unterschiedlichen Urteile ihre allmähliche Versöhnung dadurch erfahren, dass Kirchen zu einer Kirchengemeinschaft zusammenwachsen?

(8) Geistliche Ökumene

Neben den theologischen und ethischen Dimensionen hat der Ökumenismus auch wesentlich eine spirituelle Seite. Christsein bedeutet, vom Geist („spiritus") Gottes getragen zu sein, seine Nähe zu suchen und zu erfahren in allen Bereichen des Lebens. Auch das ökumenische Bemühen muss daher auf einer echten Spiritualität beruhen. Man spricht auch von der „geistlichen Ökumene".

Dazu gehört an erster Stelle, das Wirken des Heiligen Geistes in den je anderen christlichen Kirchen wahrzunehmen. Man kann nach Paulus (Gal 5,22) dieses Wirken an den „Früchten" erkennen: Liebe, Gerechtigkeit, Freude und Güte. Diese sind ohne Zweifel auch in den christlichen Kirchen zu erleben.

Eine besondere Wirkung des Geistes ist das ausdrückliche Bekenntnis zu Jesus Christus. Die durch den Heiligen Geist im Christusbekenntnis geeinten Gläubigen können, dürfen und sollen die Früchte des einen Geistes miteinander teilen und sich *gemeinsam* immer mehr und tiefer auf das Geheimnis Gottes einlassen. Dieses Geheimnis besteht darin, dass Gott nicht nur *mit uns* ist (auf dem Weg zum endgültigen Heil), sondern auch *in uns*. „Geistliche Ökumene" meint somit in besonderer Weise den Prozess des gemeinsamen „In-sich-Hineingehens" und „In-sich-Hineinhörens" („*Kontemplation*" genannt) auf die geistgewirkte Gegenwart Jesu Christi „in mir" und „im anderen".

Dieser Prozess ist keine harmlose Frömmigkeitsübung für Menschen, die der hektischen, betriebsamen und chaotischen Welt „draußen" zu entfliehen versuchen. Vielmehr ist der Weg „nach innen" ein Weg zurück zum Ursprung und Grund unseres Glaubens, zum dreieinigen Gott selbst. Während er zu Beginn der Schöpfung der Welt aus sich selbst herausgetreten und aktiv geworden ist, um mit seinem Geist in seine Schöpfung und „in uns" einzugehen (d. h. handelnd gegenwärtig zu sein), geht der Gläubige den scheinbar umgekehrten Weg von „außen" nach „innen", um aber gerade dann von der darin gegenwärtigen Quelle der eigenen Kraft, Gott selbst, wieder nach außen zu gelangen, zum dankbaren Feiern (griech. „*leiturgia*"; dt. „Liturgie"), zum Bekennen der Wahrheit (griech. „*martyria*"; dt. „Zeugnis geben") und zum tätigen Dienst für die Welt (griech. „*diakonia*", dt. „Diakonie", „Dienst"). Gemeinsames Gebet und gemeinsamer Glaube (Bekenntnis) sind untrennbar mit dem aktiven Einsatz für die Welt verbunden. Sie sind die Grunddimensionen wahren Kircheseins.

Für das Verhältnis zwischen einer notwendig ökumenisch ausgerichteten *Theologie* (gemeinsam reflektierter Glaube) und einer ökumenischen *Spiritualität* (gemeinsam erlebter und gelebter Glaube) bedeutet dies: Das eine kann und darf das andere nicht ausschließen. Vielmehr *setzen sich beide gegenseitig voraus* und *korrigieren* sich. Es ist nur auf der Grundlage des gemeinsam gelebten Glaubens möglich, über eben diesen Glauben gemeinsam nachzudenken (Theologie). Zugleich kann ein Glaube nur dann authentisch sein, d. h. mit der ganzen Person übereinstimmen, wenn er *auch* ein

Wir glauben, dass wir bei unseren Begegnungen mit Christen aus anderen Traditionen nichts zu befürchten haben.
Denn wenn wir einander in einem Geist der Demut und Offenheit begegnen, entdecken wir, dass wir viel gemeinsam haben, dass wir Gaben zu teilen haben und dass wir einander brauchen.
Wir glauben, dass unsere Spaltungen im Widerspruch zur Schrift stehen. Wir freuen uns, dass uns der Heilige Geist in der Liebe zusammenführt, um durch die Einheit des Leibes Christi die neue Gemeinschaft zu offenbaren, die Gott für alle Menschen und die ganze Schöpfung bereithält.

Kommission für Glaube und Kirchenverfassung: 5. Weltkonferenz 1993 in Santiago de Compostela: J. Crawford u. a. (Hg.), Gemeinschaft feiern, Genf 1993, 6

von der Vernunft reflektierter und vor ihr verantworteter Glaube ist. Die klassische Theologie hat dies folgendermaßen auszudrücken versucht: „Das Gesetz des Betens ist das Gesetz des Glaubens" und umgekehrt (lat. *„lex orandi lex credendi"*, *„lex credendi lex orandi"*).

Ein echter ökumenischer Fortschritt wird sich erst dann erzielen lassen, wenn die Kirchen bereit sind, die eigenen „Herzen zu bekehren", und gemeinsam auf die vielfältige Stimme des einen Geistes Gottes zu hören.

Diese vielfältige Stimme des Geistes Gottes erschließt sich im gemeinsamen Gottesdienst beim Hören auf das Wort Gottes und beim gemeinsamen Beten. Christen der verschiedenen Konfessionen können dort die alles und alle einende Gegenwart Gottes erfahren und sich von dieser Erfahrung immer tiefer prägen lassen. Der in seinem vielfältigen Wirken einende Heilige Geist kommt auch dort zu Gehör, wo Christen unterschiedlicher konfessioneller Zugehörigkeit zu einem gemeinsamen Christusbekenntnis vor der Welt finden. Im tätigen Einsatz vieler Christen für die Bewahrung des Friedens, der Gerechtigkeit und der Schöpfung hat sich die Überzeugung des christlichen Glaubens zu bewähren, dass der in den Gläubigen gegenwärtige Geist Gottes die eigentliche Kraftquelle ihres Engagements ist (vgl. Text S. 127).

5. Schlussbemerkungen

Am Anfang des Buches wurde davon gesprochen, dass Gott die ganze Schöpfung nicht nur ins Leben gerufen hat, sondern dass er auch mit ihr in bleibender Gemeinschaft verbunden sein will. Davon zeugt die bleibende Treue Gottes zu seinen Bundesschlüssen mit der Schöpfung im Allgemeinen und mit dem Volk Israel im Besonderen. Da sich aber die Menschen den in diesen Bundesschlüssen zum Ausdruck kommenden Willen Gottes entzogen haben und stattdessen ihren eigenen ichsüchtigen Willen durchzusetzen versuch(t)en, hat Gott von sich aus durch Jesus Christus Versöhnung zwischen sich und seiner Schöpfung gestiftet. Diese „Frohe Botschaft" („Evangelium") vom Versöhnungshandeln Gottes gilt für jeden einzelnen Menschen, wenn er sich von ihr im glaubenden Vertrauen ergreifen lässt (Rechtfertigung).

Der entscheidende Bote, in dessen Leben und Tod Gott seine Versöhnung sich ereignen ließ, ist Jesus Christus. Der universale Anspruch der Botschaft erfordert es jedoch, dass viele Boten, geeint im Namen und Auftrag Christi, diese Botschaft an allen Orten und zu allen Zeiten verkünden und bezeugen, damit die Versöhnung durch Jesus Christus überall in der Welt Realität werden kann.

Die Glaubwürdigkeit dieser Botschaft hängt auch von ihren Boten ab. Eine in sich zerstrittene Christenheit, deren eigentlicher Auftrag es ist, die Menschen zur Versöhnung mit Gott aufzurufen, kann kein glaubwürdiger Bote sein, solange sie aufgrund ihrer Spaltungen und Trennungen in und mit sich selbst unversöhnt bleibt.

Ein Ziel dieses Buches war es zu zeigen, vor welchen Herausforderungen die christliche Ökumene an der Schwelle zum dritten Jahrtausend steht. Als eine entscheidende Erkenntnis konnte dabei gewonnen werden: Ökumene im engeren Sinne als notwendige und dringende Einigung der

Christenheit bzw. der christlichen Kirchen darf und kann nicht losgelöst werden von einer Ökumene im weiteren Sinne als der endgültigen und noch ausstehenden Einigung der ganzen Welt in und mit Gott. Vielmehr steht die Einheit der Christen im Dienst an einer Einheit der Menschheit und Schöpfung mit ihrem Schöpfer: Die wachsende Einigung der Christen im Glauben und Leben dient Gott als ein wirksames Zeichen und Werkzeug für seinen weltumfassenden Heilswillen.

Das Buch wollte aufzeigen, dass die Trennungen zwischen den Kirchen überwindbar sind. Umso unverantwortlicher gegenüber dem Versöhnungshandeln Gottes wäre es, die innerchristlichen Spaltungen im dritten Jahrtausend fortdauern zu lassen.

Anmerkungen

Verweise (→) beziehen sich auf das „Kleine Wörterbuch“ S. 132 ff.

1 von den →*Sekten* (ob mit christlichem Hintergrund oder nicht) deutlich zu unterscheiden

2 Die Tatsache, dass in dem von vielen deutschen evangelischen Kirchen gebrauchten Glaubensbekenntnis anstatt von „katholisch“ von „christlich“ oder „allgemein“ die Rede ist, liegt auch daran, dass jede Assoziation mit der römisch-katholischen Kirche vermieden werden soll. Vor allem aber hat Martin Luther wie schon vor ihm andere Übersetzer den Begriff „katholisch“ um des besseren Verstehens willen mit dem deutschen Begriff „allgemein“ wiedergegeben. Protestantische Kirchen in anderen Ländern kennen dieses Problem nicht und haben den aus dem Griechischen entlehnten Begriff in ihrer jeweiligen Sprache (engl. „catholic“; frz. catholique“ u. a.) beibehalten. Die Worte „und dem Sohn“ fehlen in der orthodoxen Fassung. Vgl. Kleines Wörterbuch →*Katholische Kirche.*

3 Aus: L. Vischer (Hg.), Die Einheit der Kirche. Material der ökumenischen Bewegung (TB 30), München 1965, 113.

4 Bericht der Sektion I, 2: F. Lüpsen, ed., Neu Delhi Dokumente. Berichte und Reden auf der Weltkirchenkonferenz in Neu Delhi 1961, Witten 1962, 65.

Stichwort: Ökumene

Ökumene (griech. „bewohnte Erde") bezeichnete ursprünglich die ganze *bewohnte Welt* der griechischen Antike und des römischen Reiches. In der nachfolgenden christlichen Zeit wurde damit die *Zugehörigkeit zur Kirche als ganzer* oder die *allgemeine kirchliche Geltung* einer Sache bezeichnet. Später kennzeichnete der Begriff auch die *missionarische Aufgabe* der Kirche. Heute verbindet sich damit das Bemühen der ökumenischen Bewegung in den christlichen Konfessionen, die *weltweite Einheit der Christen* bzw. die *sichtbare Einheit der Kirche* verwirklichen zu helfen. Da die Kirche im Dienst an der Versöhnung der Welt mit dem dreieinigen Gott steht, kann und darf es den Christen letztlich nicht nur um die Einheit der Kirche, sondern auch um die Einheit der ganzen Schöpfung vor und mit ihrem Schöpfer gehen.

Seit den Zeiten des Neuen Testaments hat die Kirche immer wieder um ihre sichtbare Einheit ringen müssen, die oftmals durch äußere Umstände oder innere Konflikte bedroht war. Gravierende und schmerzliche Brüche in der sichtbaren Einheit waren die Loslösung der *orientalischen Kirchen* von der Reichskirche aufgrund des Konzils von Chalkedon (451 n. Chr.), die allmähliche Trennung zwischen *West- und Ostkirche* im ersten Jahrtausend wie auch die zwischen *katholischer Kirche* und den *reformatorischen Kirchen* (im 16. Jahrhundert und später). Erste Schritte zur Überwindung dieser Trennungen geschahen schon in der Reformationszeit im 19. Jahrhundert. Sowohl *Aufklärung* und *Liberalismus* als auch neue *zwischenkonfessionelle Bewegungen* im Protestantismus (Evangelische Allianz; Christlicher Verein Junger Männer) sowie Zusammenschlüsse von protestantischen Kirchen gleichen oder ähnlichen theologischen Charakters zu *konfessionellen Weltbünden* (z. B. Lutherischer Weltbund) halfen auf evangelischer Seite, den Gedanken einer geeinten weltweiten Christenheit wiederzubeleben. Auf katholischer Seite waren es vorwiegend einzelne Theologen (Sailer, Möhler, Ketteler, Kolping, Baader), die erste Schritte zur Wiederherstellung der Einheit der Christen gingen. Dies geschah allerdings vorwiegend im Rahmen einer *Konfessionskunde*, mit der man die anderen Konfessionen wirklich zu verstehen und so sachlich wie möglich darzustellen, die Christen dieser Konfessionen selbst aber suchte man für die katholische Kirche „zurückzugewinnen".

Nachhaltig wurde das ökumenische Anliegen durch die missionarischen Aktivitäten der Kirchen gefördert, die in den Missionsgebieten bislang eher neben- oder sogar gegeneinander gearbeitet hatten. Dies führte 1920 zu einer ersten *Weltmissionskonferenz* in Edinburgh. 1921 wurde daraufhin der *Internationale Missionsrat* gegründet. Auf der ersten Weltmissionskonferenz schlug der anglikanische Missionsbischof *Brent* vor, eine „*Weltkonferenz für Glauben und Kirchenverfassung*" („Faith and Order") ins Leben zu rufen, weil für eine Einheit der Christen wichtige theologische Fragen auf der Weltmissionskonferenz bislang ausgeklammert wurden. Die erste Weltkonferenz fand 1927 in Lausanne statt. Angesichts der politischen, wirtschaftlichen und sozialen Folgeprobleme des ersten Weltkrieges machte es sich die neu gegründete „*Bewegung für praktisches Christentum*" („Life and Work") zu Eigen, diese Probleme in Angriff zu nehmen. Unter Leitung des lutherischen Erzbischofs von Uppsala *Söderblom* kamen Delegierte aus zahlreichen nichtkatholischen Kirchen zur ersten Weltkonferenz für praktisches Christentum 1925 in Stockholm zusammen. Beide Bewegungen konnten in den am 23. 8. 1948 in Amsterdam von 147 protestantischen und orthodoxen Kirchen gegründeten „*Ökumenischen Rat der Kirchen*" (ÖRK) integriert werden. Nach anfänglicher Skepsis und Zurückhaltung gegenüber dem ÖRK öffnete sich die katholische Kirche der ökumenischen Bewegung. Dazu trugen innerkatholisch die *Bibelbewegung*, die *liturgische (Erneuerungs-) Bewegung* und die *Förderung des Laienapostolats* zu Beginn und Mitte des 20. Jahrhunderts bei. Mit dem *Zweiten Vatikanischen Konzil* (1962–1965) verpflichtete sich die katholische Kirche unumkehrbar, auf dem Weg der Ökumene fortzuschreiten. Erstmals werden dort die anderen Kirchen und kirchlichen Gemeinschaften von der katholischen Kirche als vom Heiligen Geist gebrauchte „Mittel des Heils" bezeichnet, so dass wahres Kirchesein auch außerhalb der katholischen Kirche angenommen wird, was bislang nicht gelehrt wurde. Zahlreiche *ökumenische Dialoge* wurden seitdem auf allen Ebenen von der katholischen Kirche mit den anderen christlichen Konfessionen geführt. Dabei konnten zum Teil große Übereinstimmungen in vielen bislang strittigen Themen (Eucharistie, Amt, Kirche) erzielt werden. In seinem Rundschreiben „*Ut unum sint*" (1995) lud Papst Johannes Paul II. die anderen christlichen Kirchen dazu ein, mit ihm einen „geduldigen, brüderlichen Dialog" über das

„größte Hindernis" (Papst Paul VI., 1967) auf dem Weg zur Einheit, das Papstamt, zu führen. Mit der Unterzeichnung der *Gemeinsamen Erklärung zur Rechtfertigungslehre* von Lutherischem Weltbund und Römisch-Katholischer Kirche 1999 in Augsburg verpflichten sich Lutheraner und Katholiken, eine im Modell der vollen Kirchengemeinschaft zum Ausdruck kommende *„Einheit in versöhnter Verschiedenheit"* anzustreben. Damit wird exemplarisch für die zukünftige Ökumene zum Ausdruck gebracht, dass in der erstrebten Einheit konfessionelle Eigenheiten bleiben dürfen, die allerdings theologisch zu „versöhnen" sind. Eine solche Einheit spiegelt sich in einem *„differenzierten Konsens"* wider, bei der eine grundlegende Übereinstimmung im sachlichen Gehalt einer Lehre erzielt worden ist und zugleich legitime Unterschiede in der jeweiligen theologischen, sprachlichen und praktischen Ausgestaltung dieser Lehre bleiben.

Angesichts der neuen Herausforderungen des dritten Jahrtausends wird es den Kirchen nur dann gelingen, glaubwürdige Zeugen von der Versöhnung Gottes mit der Welt zu sein, wenn sie die „Zeichen der Zeit" für die Ökumene erkennen und geduldig, beharrlich, aber auch entschlussfreudig ihre gottgewollte Einheit anstreben.

Kleines Wörterbuch

Ablass

Bedeutet theologisch die auf die Erhörung durch den dreieinigen Gott vertrauende Zusage der Kirche durch fürbittendes Gebet, dass Gott durch die Kirche verbleibende negative Folgen von bereits vergebenen Sünden für lebende und verstorbene Glieder der Gemeinschaft der Kirche nachlässt. Aufgrund von zahlreichen Missbräuchen und Missverständnissen ist die Praxis des Ablasses wesentlich zurückgegangen. Sie ist als eine zum Heil nicht notwendige Frömmigkeitsübung einzustufen.

Altkatholische Kirchen

Gruppe von nationalen, romfreien katholischen Minderheitskirchen, die sich diesen Namen nach Ablehnung des auf dem I. Vatikanischen Konzil (1870) feierlich verkündeten →Dogmas von der Irrtumslosigkeit („Unfehlbarkeit") päpstlicher „Ex-cathedra"-Entscheidungen gaben; „Mutterkirche" ist die altkatholische Kirche in Holland, die sich bereits 1724 aufgrund theologischer und kirchenrechtlicher Streitigkeiten von Rom trennte.

Amt

bezeichnet zum einen den an die ganze Kirche von Christus gerichteten Auftrag zur Sendung in die Welt und zum anderen den (innerhalb dieser allgemeinen Sendung) besonderen von Gott eingesetzten, ordinierten Dienst einzelner Personen im Namen Christi und der Gesamtkirche, der Gemeinde das Evangelium zu verkünden und die Sakramente zu reichen. Nach altkirchlichem Vorbild gliedert es sich für Katholiken, Orthodoxe und Anglikaner in das Amt des Bischofs als Leiter und Lehrer der Ortskirche, des Priesters (Presbyters; Pastors) als Helfer und Stellvertreter des Bischofs in den Ortsgemeinden und des Diakons, der als Mitarbeiter des Bischofs in einer besonderen liturgischen und seelsorgerlichen Verantwortung gegenüber den Kranken und Armen der Gemeinde steht. Für Kirchen, die diese überlieferte Ordnung bewahrt haben, ist die sichtbare Kontinuität im bischöflichen Amt der Leitung und Lehre ein verlässliches Zeichen und Werkzeug des rechten Glaubens (Apostolizität) der Gesamtkirche; für die meisten protestantischen Kirchen hängt hingegen eine Bewahrung des (apostolischen) Glaubens nicht von der Kontinuität der Amtsweitergabe ab.

Amtsfrage

Bezeichnung für ein Bündel von ökumenisch bislang kontroversen Einzelthemen, die mit der Lehre vom kirchlichen →Amt zusammenhängen. Sie reichen von der Frage nach der Gliederung des geistlichen Amtes über die der bischöflichen →Sukzession bis hin zum päpstlichen →Primat.

Anglikanische Kirche(n)

Die von der englischen Reformation im 16. Jahrhundert geprägten bischöflich verfassten Kirchen in zahlreichen Ländern der Erde. Mutterkirche des weltweiten Anglikanismus ist die (anglikanische) Kirche von England. Diese sieht sich als legitime Nachfolgerin der vorreformatorischen (katholischen) Kirche in England und zugleich als Schwesterkirche der reformatorischen Kirchen (Lutheraner, Reformierte). Die anglikanische Kirchengemeinschaft ist ein loser Zusammenschluss bischöflich verfasster Kirchen, die in voller Kirchengemeinschaft mit ihrem Ehrenprimas, dem Erzbischof von Canterbury, stehen. Das kirchlich-anglikanische Leben ist wesentlich durch drei theologische Strömungen gekennzeichnet: Anglo-Katholiken betonen die Sakramente und die sichtbar verfasste Seite der Kirche, während →Evangelikale das theologische Anliegen der Reformation mit dem des Pietismus verknüpfen. „Modernisten“ heben die Tätigkeit der menschlichen Vernunft bei der Erkenntnis der göttlichen Offenbarung hervor.

Apostolische Sukzession

(s. unter Sukzession)

Arbeitsgemeinschaft christlicher Kirchen (= ACK)

Örtliche, regionale und nationale Zusammenschlüsse von christlichen Kirchen und Gemeinschaften, die sich um eine Vertiefung gegenseitiger Kontakte und um Zusammenarbeit bemühen (auch „Kirchen- und Christenräte“ genannt).

Augsburger Religionsfrieden

Die auf dem Augsburger Reichstag von 1555 getroffene Vereinbarung, mit der sich die katholischen und die lutherischen Reichsstände gegenseitig Toleranz bis zu einer endgültigen einvernehmlichen Lösung zusicherten. Dieser Religionsfrieden galt aber nicht für die einzelnen Untertanen. Sie hatten gemäß der Formel „wessen Land, (auch) dessen Religion" („*cuius regio, eius et religio*") die Konfession ihres jeweiligen Landesherrn anzunehmen oder aus ihrer Heimat auszuwandern.

Basisökumene
Bezeichnung für ökumenische Aktivitäten auf der Ebene der Gemeinden bzw. Ortskirchen.

Bilateraler Dialog
Dialog zwischen zwei christlichen Kirchen.

Charismatische Bewegung
In diesem Jahrhundert in fast allen christlichen Kirchen entstandene Bewegung, die sich selbst auf das erweckende Wirken des Heiligen Geistes zurückführt und das Gemeindeleben geistlich erneuern will; theologische Parallelen zur →Pfingstbewegung.

Christliche Vereine Junger Männer (CVJM)
Entstammen der →Erweckungsbewegung im 19. Jahrhundert; G. Williams gründete 1844 in London mit elf anderen Christen unterschiedlicher Konfession eine Gebets- und Bibellesegemeinschaft von jungen Männern; 1855 Gründung des Weltbundes der CVJM; heute nach Öffnung für Frauen vielerorts in „Christlicher Verein Junger Menschen" umbenannt; bietet zahlreiche Sport-, Erholungs- und Bildungsmöglichkeiten an; teilweise Rückbesinnung auf spezifisch christliches Anliegen.

Confessio Augustana
Die dem Kaiser 1530 auf dem Reichstag zu Augsburg von Philipp Melanchthon, Reformator und Freund Luthers, vorgelegte Bekenntnisschrift „etlicher Fürsten und Städte". Die Confessio ist zur entscheidenden Bekenntnisgrundlage aller lutherischen Kirchen geworden.

Dissenters
[lat. engl. „Andersdenkende"] Alle Gläubigen (in England), die nicht der Kirche von England (→Anglikanische Kirche) angehören (entweder Angehörige evangelischer Kirchen oder römisch-katholische Gläubige).

Dogma

[griech. von „dokeo“: „was als richtig erschienen ist“] Im weiteren Sinne allgemeine, fundamentale Wahrheiten des Christentums; im engeren Sinne die vom kirchlichen Lehramt (Kollegium der Bischöfe mit Papst) oder nur Papst feierlich verkündeten und definitiv als geoffenbarte Wahrheiten zu haltenden Lehren (z. B. das Dogma von der leiblichen Aufnahme Marias in den Himmel; 1950 verkündet).

Erweckungsbewegung

Große geistliche Erneuerungsbewegung im Protestantismus zu Beginn des 19. Jahrhunderts; steht in einem direkten Zusammenhang mit dem →Pietismus des 18. Jahrhunderts; Erweckung wird verstanden als Wirken des Heiligen Geistes und ist mit einer persönlichen Bekehrung verbunden; setzt sich z. T. in der →charismatischen Bewegung fort.

Evangelikale

a) Selbstbezeichnung von Christen in zahlreichen protestantischen Kirchen, die das reformatorische Anliegen des „Sola scriptura“ und der Rechtfertigung des Sünders „allein durch Glauben“ (→„Sola fide“) mit einem →pietistischen Interesse an der persönlichen Heiligung des einzelnen Gläubigen verbinden.

b) inneranglikanische theologische Strömung (→anglikanische Kirche).

Evangelische Allianz

1846 gegründeter Zusammenschluss von hauptsächlich → evangelikalen Christen und Gruppen verschiedener protestantischer Kirchen, die sich zur Bibel als Offenbarung Gottes, zur Rechtfertigung des Sünders durch den Glauben allein, zur Gottheit und Menschheit Jesu Christi, zum Wirken des Heiligen Geistes und zu Auferstehung und Jüngstem Gericht bekennen und sich missionarisch und sozial engagieren; besonders wird das persönliche Zeugnis des einzelnen Christen betont.

Faith and Order

1927 in Lund gegründete Bewegung von protestantischen und orthodoxen Kirchen, deren Ziel es war, der Einheit der Christen durch theologische Gespräche über strittige Punkte in Fragen von „Glauben und Kirchenverfassung“ (deutsche Übersetzung von „Faith and Order“!) zu dienen; 1948 als

Kommission gleichen Namens im →ÖRK aufgegangen; nach dem Zweiten Vatikanischen Konzil wurde die katholische Kirche offizielles Mitglied (1968).

Fides caritate formata / Fiduzialglaube

[lat. „der durch die Liebe geformte Glaube"] Klassisch katholische Formulierung, mit der der Vorgang der göttlichen →Rechtfertigung auf Seiten des Menschen zu beschreiben versucht wird: Der Mensch wird durch die göttliche Gnade dahin gebracht, dass er sich ihr mit dem Verstand (Glaube) und mit dem Herzen (Liebe) öffnet und auf diese Weise von Gott angenommen wird.

Frühkatholizismus

Bisweilen von protestantischer Seite negativ verwendeter Begriff, um die sich in der Ur- und Alten Kirche zunehmend entwickelnden rechtlichen Amts- und Hierarchiestrukturen zu kennzeichnen. Exegetische Studien haben allerdings gezeigt, dass bereits zur Zeit des Neuen Testaments eine solche Entwicklung einsetzte und nicht in Widerspruch zu einer vom Geist Gottes gewirkten und getragenen Offenheit der Kirche stehen muss.

Gebetswoche für die Einheit der Christen

Unter Papst Benedikt XV. (1914–1922) ausschließlich katholische Initiative zum Gebet für eine „Rückkehr" der getrennten Christen zur katholischen Kirche; erst durch den Abt P. Couturier (1881-1953) geistlich und ökumenisch so weiterentwickelt, dass es Angehörigen aller Konfessionen ermöglicht wurde, für die Einheit der Christen gemeinsam zu beten; findet in der Zeit vor Pfingsten oder vom 18.–25. Januar statt; gelegentlich auch an anderen Terminen.

Gemeinsame Erklärung zur Rechtfertigungslehre (GE)

Die am 31. 10. 1999 in Augsburg von Vertretern der katholischen Kirche und des Lutherischen Weltbundes feierlich unterzeichnete Erklärung, mit der in Form eines „differenzierten Konsenses" (→Konsens) ein gemeinsames Verständnis in Grundwahrheiten der Rechtfertigungslehre bekundet wird. Mit der Erklärung werden die gegenseitigen Lehrverurteilungen aus der Reformationszeit in dieser Frage als den heutigen Partner nicht mehr treffend bezeichnet. Lutheraner und Katholiken verpflichten sich, eine Einheit in „versöhnter Verschiedenheit" anzustreben.

Gnosis
[griech.: „Erkenntnis"] Versuche im griechischen, jüdischen und auch christlichen Umfeld der Spätantike, die im Glauben verborgenen Geheimnisse durch philosophische Spekulation zu erhellen und so zur Erlösung zu gelangen.

Gottesdienstgemeinschaft
Nach katholischem und orthodoxem Verständnis ist die gemeinsame Feier des Gottesdienstes (im Sinne der Eucharistie als vollster Form) nur innerhalb der sichtbaren Gemeinschaft der einen Kirche möglich. Eine gemeinsame Eucharistiefeier von Protestanten, Orthodoxen und Katholiken ist daher erst dann gegeben, wenn volle Kirchengemeinschaft unter ihnen erreicht ist. Nach protestantischem Verständnis ist eine gemeinsame Feier des Abendmahls (Gottesdienstgemeinschaft) sowohl Ausdruck von Kirchengemeinschaft als auch Mittel, um diese zu erreichen bzw. die bereits vorhandene immer mehr zu vertiefen.

Heidelberger Katechismus
Als Unterweisungs- und Lernbuch gedachter Katechismus aus 129 Fragen und Antworten über den christlichen Glauben südwestdeutscher evangelisch-reformierter Kirchen von 1563; gilt als reformierte Bekenntnisgrundlage.

Heiligung
Evangelische, insbesondere →evangelikale Bezeichnung für die den Menschen erneuernde Wirkung des Heiligen Geistes nach der Rechtfertigung des Menschen als Sünder. Die Fragen, ob die Heiligung in Form einer eigenen „Initialzündung" beginnt, ob sie im Sinne eines beständigen Wachstums auf eine vollkommene Heiligkeit hinausläuft und ob und inwiefern zur persönlichen Heiligung auch sozialpolitisches Engagement gehört, ist evangelischerseits umstritten.

Internationaler Missionsrat
1921 von über 1200 Delegierten aus protestantischen Kirchen zur Zusammenarbeit auf missionarischem Gebiet gegründeter Rat; hervorgegangen aus der Weltmissionskonferenz 1910 in Edinburgh; 1961 als Kommission für Weltmission und Evangelisation in den →ÖRK integriert.

Katholische Kirche(n)
a) Im weiteren Sinne die Kirche (im Singular), von der im

→Symbolum geglaubt wird, dass sie „eine, heilige, *katholische* [allgemein, allumfassend] und apostolische“ ist. Nach diesem Verständnis sehen sich alle christlichen Kirchen als „katholisch“ an.
b) Im engeren Sinne Selbstbezeichnung derjenigen Kirchen, die sich als sichtbar-kontinuierliche Fortsetzung der Kirche der Apostel in der Geschichte verstehen; dazu zählen sich die römisch-katholische Kirche und die →altkatholische(n) Kirche(n). Beide Kirchen sind bischöflich verfasst und berufen sich in ihrer Lehre auf die Hl. Schrift und die sich fortsetzende mündliche Tradition der Kirche; die römisch-katholische Kirche versteht den Bischof von Rom (auch „Papst“ genannt; →Primat) als Inhaber eines universalkirchlichen Lehr- und Rechtsprimats, während die altkatholischen Kirchen einen solchen Primat ablehnen. Die römisch-katholische Kirche kennt einen westlichen und einen östlichen Ritus (Ordnung der religiösen und gottesdienstlichen Bräuche). Die Kirche des westlichen Ritus wird „lateinische Kirche“ genannt, die Kirchen des östlichen Ritus werden als unierte, d. h. mit dem Papst verbundene Ostkirchen bezeichnet; die katholischen Kirchen haben ein „sakramentales“ (→Sakrament“) Grundverständnis von Kirche: Letztere gilt für sie als Zeichen und Werkzeug des göttlichen Heilshandelns in der Welt.

Kirche von Nordindien

1970 aus dem Zusammenschluss von verschiedenen Kirchen protestantischen Ursprungs und unterschiedlicher Kirchenstruktur hervorgegangene bischöflich verfasste Kirche in den nördlichen Gebieten Indiens.

Kirche von Südindien

1947 aus dem Zusammenschluss von verschiedenen Kirchen protestantischen Ursprungs und unterschiedlicher Kirchenstruktur hervorgegangene bischöflich verfasste Kirche in den südlichen Gebieten Indiens.

Kirche

Von griech. „kyriakos“: „zum Herrn gehörend“: Bezeichnung für die Teilhabegemeinschaft von Menschen am dreieinigen Gott, die aufgrund ihrer vom Geist Gottes durch Taufe und Glauben bewirkten Eingliederung „in Christus“ gebildet wird. Als Gemeinschaft der Gläubigen wird sie durch die vom kirchlichen Amt vollzogene Verkündigung des Evangeliums und durch die Reichung der Sakramente in der Gemeinschaft mit Gott und untereinander gehalten und tritt dadurch zugleich wahrnehmbar (katholisch, orthodox: „sakramental") in Erscheinung. Die Kirche steht in gottgewollter Kontinuität zur Sendungsgemeinschaft der ersten Jünger Jesu. Innerchristlich umstritten sind vor allem die Fragen nach der Bedeutung des geistlichen Amtes für die Kirche (ist eine örtliche, das Wort Gottes hörende und die Eucharistie feiernde Gemeinde von Christen bereits „Kirche" im vollen Sinne des Wortes oder ist sie dies erst durch die Leitung eines Bischofs?) und nach dem Verhältnis zwischen ihrer inneren und äußeren Wirklichkeit.

Konfession

a) Wertneutrale Bezeichnung für eine christliche Glaubensgemeinschaft.

b) Christliche Glaubensgemeinschaft, die von einem oder mehreren spezifischen (schriftlichen oder mündlichen) christlichen Bekenntnis(sen) auf der Grundlage der Heiligen Schrift und des apostolischen Glaubensbekenntnisses geprägt ist. Sowohl die römisch-katholische Kirche als auch die orthodoxen, anglikanischen und protestantischen Kirchen (Lutheraner, Reformierte, Freikirchen u. a.) haben unbeschadet ihres jeweils eigenen kirchlichen Selbstverständnisses konfessionellen Charakter.

Konfessionelle Weltbünde (Weltweite christliche Gemeinschaften)

Im 19. Jahrhundert und zu Beginn des 20. Jahrhunderts gegründete Organisationen als Zusammenschlüsse von rechtlich selbstständigen Kirchen aus jeweils einer Konfessionsfamilie (→ Konfession); z. B. Reformierter Weltbund.

Konfessionskunde

Sachliche, vergleichende Darstellung der verschiedenen christlichen Konfessionen in ihren Gemeinsamkeiten und Unterschieden.

Konfessionsverschiedene Ehe

Eine Ehe, deren Partner unterschiedlichen christlichen Konfessionen angehören; im Zuge der ökumenischen Bewegung auch „konfessionsverbindende Ehe" genannt; ist von der „religionsverschiedenen Ehe" zwischen einem Christen und einem Nichtchristen zu unterscheiden.

Konsekration

[lat. von „sacer“ = „der Gottheit geweiht“] Ursprünglich aus der antiken Sakralsprache entnommener Begriff, um eine Sache aus ihrem weltlichen [profanen] Gebrauch herauszunehmen und sie feierlich an eine Gottheit zu übereignen; später hat die Kirche (nach dem Ende ihrer Verfolgungen durch den Staat und ihrer Erhebung zur anerkannten Religion) den Begriff für zahlreiche kirchliche Handlungen verwendet (z. B. Amtsübertragung eines Bischofs; Ingebrauchnahme einer Kirche, eines Altares usw.); hauptsächlich wird „Konsekration“ (oder auch „Segnung“ genannt) auf die Eucharistie angewendet. Als Konsekrationsmoment gelten dabei die Einsetzungsworte Jesu bei seinem letzten Abendmahl („Das ist mein Leib für euch … Dieser Kelch ist der neue Bund in meinem Blut …“ [1 Kor 11,23 ff.]). Nach altkirchlichem Vorbild erkennen sowohl reformatorische Kirchen als auch die katholische Kirche zunehmend die konsekratorische Wirkung des gesamten eucharistischen Gebetes (Dankgebet beim Abendmahl) an. Orthodoxe Kirchen haben an diesem altkirchlichen Verständnis festgehalten.

Konsens

(lat. „Übereinstimmung“; „Zustimmung“) Bezeichnet in Theologie und Ökumene eine sinngemäße (d. h. nicht für jede Formulierung geltende) Übereinstimmung von mindestens zwei theologischen Gesprächspartnern in der Wahrheit einer Sache (einer Lehre). Liegt eine volle inhaltliche Übereinstimmung vor, spricht man von einem „vollen Konsens“; betrifft die Übereinstimmung den *wesentlichen* Gehalt einer Sache, bei der aber noch weitere Fragen geklärt werden müssen, ist ein „Grundkonsens“ erreicht. Kommt man aber zu dem Gesamturteil, dass ein Konsens im Wesentlichen einer Sache vorliegt bei gleichzeitig *legitimen* Unterschieden (Differenzen) in nachgeordneten Einzelfragen und in Formulierungsweisen, dann spricht man von einem „differenzierten Konsens“. Dagegen besteht dann eine „Grunddifferenz“, wenn man zur Erkenntnis gekommen ist, dass hinter den einzelnen Unterschieden in bestimmten kontroversen Fragen eine grundlegende theologische Differenz liegt. Ist von einem „Grunddissens“ die Rede, dann wird die Grunddifferenz für theologisch unüberbrückbar gehalten.

Konsensökumene

Bezeichnung für diejenigen ökumenischen Bemühungen, die auf eine Übereinstimmung im Verständnis von strittigen Lehrfragen zielen (Konsens). Konsensökumene und praktische Ökumene (im gelebten Miteinander von Christen) setzen sich gegenseitig voraus und ergänzen bzw. korrigieren einander.

Konsistorium

Oberste Verwaltungsbehörde einiger evangelischer Landeskirchen.

Konsubstantiationslehre

Lutherische Lehre über die Gegenwartsweise Christi im Abendmahl, die besagt, dass Christi Leib und Blut *mit* (in und unter) den Gestalten von Brot und Wein empfangen werden, ohne dass sich dabei die „Substanz" (das Wesen) von Brot und Wein ändert.

Kontroverstheologie

Klassische Bezeichnung für diejenige Theologie, die in Form wissenschaftlicher Auseinandersetzung mit anderen (theologischen, philosophischen) Positionen die Wahrheit des eigenen Standpunktes herauszustellen beabsichtigt.

Konvergenz

[lat. „zusammenlaufend"] Unterscheidet sich vom →Konsens dadurch, dass (noch) keine inhaltliche Übereinstimmung in einer ökumenisch strittigen Frage erreicht worden ist, sich aber die unterschiedlichen Überzeugungen aufeinander zu bewegen, so dass gemeinsame theologische Aussagen möglich sind. Die Kommission für Glaube und Kirchenverfassung des ÖRK konnte eine Konvergenz bei den Fragen von Taufe, Eucharistie (Abendmahl) und Amt feststellen. Als Ergebnis kam 1982 eine *Konvergenzerklärung* (die sogenannte „Lima-Erklärung") zu diesen drei Fragekomplexen zustande.

Konversion

a) Kirchenrechtlich: Übertritt von einer Konfession zu einer anderen.
b) Theologisch: die Bekehrung des Menschen zu Gott.

Konzil

[lat.: „Versammlung, Zusammenkunft"; entspricht der aus dem Griechischen entlehnten „Synode"]; bezeichnet nach altkirchlichem Verständnis die Zusammenkunft von Bischöfen auf regionaler („Regionalsynode" oder „Regionalkonzil") oder auf weltweiter Ebene („ökumenisches oder allgemeines Konzil bzw. „ökumenische Synode"), um über strittige Lehr- und Moralfragen zu entscheiden. In der heutigen Ökumene gibt es keine Übereinstimmung darüber, ob und inwiefern die Kirche in ihren Strukturen synodalen (konziliaren) Charakter hat und ob neben den Bischöfen auch andere Geistliche (Priester, Diakone) sowie Laien an einem Konzil aktiv beteiligt sind bzw. werden sollen. Von besonderer ökumenischer Bedeutung ist das innerkatholische Verhältnis des Papstes mit seiner Lehrautorität zu einem ebenfalls Lehrautorität beanspruchenden Konzil.

Konzil von Trient

(s. auch unter Konzil)
Erneuerungs- und Reformkonzil der katholischen Kirche von 1545-1563 u. a. als Antwort auf die Reformation.

Konziliarität

Grundstruktur der Kirche; bezeichnet die Gemeinschaft aller Ortskirchen in der Verantwortung des einen apostolischen Glaubens und Zeugnisses. Ihre Grundlage ist die universale Gemeinschaft der Bischöfe als Vorsteher der Eucharistie feiernden Ortskirchen. Das →Konzil stellt eine Form der Konziliarität dar.

Leuenberger Konkordie

1973 von europäischen lutherischen, reformierten und aus ihnen hervorgegangenen unierten Kirchen getroffene Übereinkunft, sich nach Überwindung gegenseitiger Lehrverurteilungen in der Abendmahlslehre, Christologie und Auserwählungslehre aufgrund eines gemeinsamen Verständnisses des Evangeliums (→Rechtfertigung) gegenseitig Kirchengemeinschaft zu erklären. Dabei kann und will die Konkordie nicht alle Unterschiede in Lehre, Frömmigkeit, Gottesdienst und kirchlicher Ordnung (→Amtsfrage!) ausräumen. Spätere organisatorische Zusammenschlüsse werden aber nicht ausgeschlossen.

Life and Work

1925 in Stockholm gegründete Bewegung protestantischer und orthodoxer Kirchen, die angesichts der sozialen und ethischen „Notlage der Welt" die Zusammenarbeit und Annäherung der christlichen Kirchen auf sozialethische Fragen zu beschränken versuchte; ging 1948 als Studienabteilung „Referat Kirche und Gesellschaft" im →ÖRK auf.

Lima-Erklärung

(s. unter Konvergenz)

Messstipendium

Geldspende oder Stiftung, die den katholischen Priester verpflichtet, für ein Anliegen des Spenders eine Messe zu feiern; in vielen Ländern dienen Messstipendien dem Unterhalt des Priesters, wenn er keine anderen oder nur unbedeutende andere Einnahmequellen hat.

Möhler, Johann Adam

Tübinger katholischer Theologe (1796–1838), der als erster Katholik mit seinem die Konfessionen sachlich vergleichenden Werk „Symbolik" die Grundlage für die spätere katholische Ökumenik lieferte; auf Möhler beruft sich das gleichnamige wissenschaftliche Institut für ökumenische Forschung in Paderborn (Johann-Adam-Möhler-Institut für Ökumenik).

Multilateraler Dialog

Dialog, an dem mehr als zwei christliche Kirchen beteiligt sind (→die Lima-Erklärung zu Taufe, Eucharistie und Amt ist Ergebnis eines multilateralen Dialogs).

Mysterion

[griech.] Im Deutschen als „Mysterium" („Geheimnis") wiedergegeben oder als →„Sakrament"; meint im Neuen Testament, insbesondere bei Paulus, das in Jesus Christus geschehene göttliche Heilsereignis (Eph 3,9; Kol 1,26).

Nominalismus

Denkrichtung im Hochmittelalter, wonach die Allgemeinbegriffe ihre Geltung nur dem Namen nach haben und nicht dem wirklichen Wesen einer Sache entsprechen, weil dieses Wesen für die menschliche Vernunft nicht erkennbar ist. Für eine Theologie des Nominalismus bedeutet dies, dass Gott seinem Wesen nach nicht erkennbar und unverfügbar ist sowie aus der Fülle seiner unendlichen Möglichkeiten bestimmt hat, diese Welt ohne Widersprüche geschaffen zu haben, die aber auch widerspruchsfrei hätte anders aussehen können (was aber der menschlichen Vernunfterkenntnis entzogen ist). Auf das Gott-Mensch-Verhältnis bezogen bedeutet ein nominalistisches Verständnis, dass der Mensch nicht wissen, aber erhoffen kann, dass seine Bemühungen, Gutes zu tun, von Gott mit Gnade „belohnt" werden. Hiergegen wendet sich Luther mit seiner →Rechtfertigungslehre.

Ökumenik

Wissenschaftliche Beschäftigung mit Ökumene.

Ökumenischer Arbeitskreis evangelischer und katholischer Theologen (ÖAK)

Ein 1946 vom Paderborner Erzbischof L. Jaeger zusammen mit dem Oldenburger evangelischen Bischof W. Stählin ins Leben gerufener Kreis von ca. 50 katholischen und evangelischen Theologen, die einmal jährlich in streng wissenschaftlicher Arbeit die kontroverstheologischen und ökumenischen Fragen besprechen; auch „Jaeger-Stählin-Kreis" genannt.

Ökumenischer Rat der Kirchen (ÖRK)

Eine 1948 in Amsterdam gegründete internationale Gemeinschaft von über 330 meist protestantischen und orthodoxen Kirchen. Hauptziel des ÖRK ist der Aufruf zur sichtbaren Einheit im Glauben. Er hat gegenüber seinen Mitgliedskirchen beratende Funktion. Die katholische Kirche ist nicht offizielles Mitglied im ÖRK, arbeitet aber eng mit ihm zusammen.

Ökumenismus

Bezieht sich als Begriff auf das Ziel aller Bemühungen einer sichtbaren Einheit der Christen. Seiner Wortherkunft nach ist er dem romanischen Sprachgebrauch entlehnt (die Originalüberschrift des gleichnamigen Dekrets des II. Vatikanischen Konzils lautet: „De oecumenismo"; →Unitatis redintegratio). Das II. Vatikanische Konzil (1962-1965) hatte in seinem Dekret über den „Ökumenismus" die *eine* (zuerst im protestantischen Raum entstandene) „Ökumenische Bewegung" im Auge und wollte keine eigene katholische

„ökumenische Bewegung“ errichten (sondern katholische Prinzipien für diese Bewegung).

Ordination

[von lat. „ordo“, dt. „(geistliches) Amt“] Bezeichnet die im Rahmen eines Gottesdienstes stattfindende Übertragung des geistlichen Amtes durch leitende Vertreter der Kirche (in den katholischen, orthodoxen und anglikanischen Kirchen durch einen Bischof) auf ein Gemeindemitglied und geschieht nach gemeinsamem lutherischen und katholischen Verständnis, indem der Amtskandidat in einem Akt des Gebetes und der Handauflegung unter Anrufung des Heiligen Geistes dazu öffentlich berufen und gesandt wird, im Namen Christi und der Gemeinde das Evangelium zu verkünden und die Sakramente Christi der Gemeinde zu reichen. Die Ordination ist unwiederholbar. Inwiefern die Ordination als sakramentale Weihe ein vom Priestertum der Getauften unterschiedenes Priestertum verleiht, ist ökumenisch umstritten (Katholiken, Orthodoxe und einige Anglikaner bejahen dies, Protestanten und viele Anglikaner verneinen dies). Aus diesem unterschiedlichen Verständnis ergibt sich, ob in Ausnahmefällen auch nichtordinierte Gemeindemitglieder die Eucharistie feiern können und dürfen (wie in mehreren protestantischen Kirchen).

Organische [korporative] Einheit

Von Anglikanern in die Ökumene eingebrachter Begriff, der neben einer Einigung in umstrittenen Glaubensfragen und der vollen Gemeinschaft in den Sakramenten sowie im kirchlichen →Amt auch ein sichtbar-strukturelles Zusammengehen unterschiedlicher Kirchen zum Ausdruck bringen will.

Orthodoxie

Sammelbezeichnung für diejenigen selbstständigen östlichen Kirchen, die in Kirchengemeinschaft mit dem ökumenischen Patriarchen von Konstantinopel (im Sinne eines gesamtorthodoxen Ehrenprimats[→Primat]) stehen; orthodoxe Kirchen sind bischöflich verfasst, besonders alte unter ihnen haben einen Patriarchen an ihrer Spitze; die Bischöfe leiten die Bistümer und kommen in Synoden (→Konzil) zusammen; der →Primat des Bischofs von Rom (Papst) als Leiter und Lehrer der Gesamtkirche wird abgelehnt; die Orthodoxie beruft sich in ihrer Lehre auf die Hl. Schrift, auf die (östlichen) Kirchenväter, auf die Entscheidungen der ersten sieben allgemeinen Konzile, auf Entscheidungen regionaler Konzile und auf die liturgischen Texte der Kirche.

Oxford-Bewegung

In der ersten Hälfte des 19. Jahrhunderts gegründete inneranglikanische Bewegung, die die Kirche von England gegenüber einer zu großen Staats- und Protestantismusnähe an ihre theologischen, liturgischen und spirituellen Wurzeln aus der Zeit der Alten Kirche (des ersten Jahrtausends) zu erinnern versuchte.

Pfingstbewegung

Enthusiastische Heiligungsbewegung mit Erweckungsfrömmigkeit; z. T. in unteren sozialen Schichten beheimatet; rassenübergreifend; vertritt die Lehre einer von der Taufe mit Wasser zu unterscheidenden Taufe mit dem Heiligen Geist; in diesem Jahrhundert zu einer, sich von den klassischen Großkirchen absetzenden eigenen Sammelbewegung von christlichen Gemeinschaften und Gruppen geworden, die besonders die Wirkungen des Heiligen Geistes hervorheben (wie z. B. Krankenheilungen).

Pietismus

Innerevangelische, gegen ein erstarrtes und veräußerlichtes Christentum gerichtete Bewegung aus dem 18. Jahrhundert, die ein entschiedenes, die persönliche Glaubenshaltung einforderndes Christentum lehrte und zu leben versuchte; Ph. J. Spener schrieb in seiner Schrift „Pia desideria“ (1675) das „Reformprogramm“ des Pietismus nieder; →evangelikale Christen sehen sich als „Erben“ des Pietismus an.

Planck, Gottlieb Jakob

Göttinger evangelischer Kirchenhistoriker (1751–1833), der Ende des 18. Jahrhunderts die sachlich vergleichende Darstellung der Konfessionen begründete („Abriß einer historischen und vergleichenden Darstellung der dogmatischen Systeme“) und sich um eine Annäherung zwischen Protestantismus und Katholizismus mühte.

Porvooer Gemeinsame Feststellung

1992 im finnischen Porvoo getroffene Übereinkunft britischer anglikanischer und skandinavischer sowie baltischer lutherischer Kirchen (ohne Dänemark), aufgrund eines gemeinsamen Verständnisses der Apostolizität von →Kirche und →Amt gegenseitig Kirchengemeinschaft zu erklären.

Presbyter [griech.: „Ältester"]

a) Gemeindeältester im Urchristentum (hatte häufig Leitungsfunktionen).
b) Klassische Bezeichnung für die zweite Stufe des traditionellen dreigliedrigen geistlichen →Amtes (katholischerseits auch „Priester" genannt).
c) Bezeichnung für ein Mitglied im Kirchenvorstand einer protestantischen Gemeinde.

Priestertum der Getauften

Die allen Getauften verliehene Würde, am einzigartigen Priestertum Christi Anteil zu haben und somit in einem unmittelbaren Verhältnis der Hingabe zu Gott zu stehen; ökumenisch ist es umstritten, ob es über dieses Priestertum der Getauften hinaus noch ein Priestertum des geistlichen Amtes gibt, das im Namen Christi nicht „über" dem anderen steht, sondern im Dienst der Verkündigung diesem „gegenüber" (katholischer- und orthodoxerseits wird dies bejaht, reformatorischerseits verneint).

Primat

Oberste Stellung in der Kirchenleitung (in römisch-katholischen Kirchen vom Papst als Bischof von Rom ausgeübt; einen Ehrenprimat (ohne rechtliche Kompetenz) hat z. B. der Erzbischof von Canterbury über die anglikanische Kirchengemeinschaft.

Protestantismus

Sammelbezeichnung für diejenigen christlichen Kirchen und Gemeinschaften, die sich weder als „katholisch" (im engeren Sinne) verstehen noch sich zur Orthodoxie zählen (jedoch keine →Sekten!). Dazu gehören vor allem die unmittelbar aus der Reformation hervorgegangenen lutherischen und calvinistischen (heute: reformierten) Kirchen sowie diejenigen Kirchen und kirchlichen Gemeinschaften, die wiederum aus ihnen stammen, so etwa unierte Kirchen und Freikirchen (Methodisten, Baptisten, Heilsarmee usw.). Die →Pfingstkirchen können ebenfalls in einem weitern Sinne zum Protestantismus gerechnet werden, auch wenn bei ihnen katholische, verschiedene kulturelle und fremdreligiöse Elemente auftauchen. Die →anglikanischen Kirchen nehmen eine Sonderstellung ein. Wird der Protestantismus ausschließlich im Sinne einer negativen Abgrenzung bzw. im Sinne eines kritischen Prinzips gegenüber dem Katholizismus verstanden, dann verliert er an eigenem konfessionellem Profil. Historisch betrachtet „protestierten" die evangelischen Reichsstände beim 2. Reichstag zu Speyer 1529 gegen einen katholischen Mehrheitsbeschluss, der sie in ihrem Evangelischsein stark behindern sollte. Da „protestari" (lat.) auch „Zeugnis von etwas ablegen" heißt, kann und sollte „protestantisch" verwendet werden, um ein *reformatorisches Bekenntnis bzw. Zeugnis vom Evangelium* zu bezeichnen, das für andere christliche Zeugnisse und Bekenntnisse ökumenisch offen ist.

Puritaner

[von lat. „purus" = rein] Strenge englische Protestanten, die die gemäßigt reformatorische Kirche von England von allen verbliebenen katholischen Formen und Glaubensüberzeugungen reinigen wollten. Nach staatlicher und kirchlicher Verfolgung wanderten viele Puritaner nach Nordamerika aus.

Rechtfertigungslehre

Lehre, die das Verhältnis des Menschen als Sünder vor dem dreieinigen Gott thematisiert und damit das Kernstück des christlichen Glaubens darstellt. Nach reformatorischem Rechtfertigungsverständnis wird der Mensch als Sünder von Gott angenommen („gerechtfertigt"), insofern er sich dem ihm in der Verkündigung des Evangeliums geltenden göttlichen Heilswirken in Jesus Christus anvertraut. Rechtfertigung geschieht daher „allein aus Gnade" und „allein durch Glauben". Am 31. 10. 1999 konnte die Gemeinsame Erklärung (GE) zur Rechtfertigungslehre von Lutherischem Weltbund und Katholischer Kirche in Augsburg feierlich unterzeichnet werden. Sie hat als entscheidende Aussage, dass der Mensch von Gott „allein aus Gnade …, allein durch Glauben, …, unabhängig von Werken' gerechtfertigt" (d. h. angenommen) wird (Anhang zur GE, 2C). Diese Aussage kann gemeinsam getragen werden, weil auch katholischerseits die Rechtfertigung des Menschen durch Gott zwar nie ohne innere Beteiligung des Menschen geschieht, zu dieser Beteiligung aber keine „guten Werke" gehören, weil sie nicht Bedingung der Annahme des Menschen durch Gott sind, sondern ihre notwendigen Folgen. Da die unterschiedliche

Auffassung im 16. Jahrhundert Hauptgrund der Spaltung war, besitzt die GE eine herausragende ökumenische Bedeutung.

Reformation

[lat. „Erneuerung"] Bezeichnet in engerem Gebrauch die vor allem durch Martin Luther, Johannes Calvin und Huldrych Zwingli im 16. Jahrhundert ins Leben gerufene Bewegung zur Erneuerung des Glaubens und der Kirche. In der Theologie wird Martin Luthers durch das Lesen des biblischen Römerbriefes gewonnene Erkenntnis als „reformatorischer Durchbruch" bezeichnet, dass der Mensch als Sünder „allein durch Glauben" (und nicht auch durch zusätzlich von ihm zu erbringende „Leistungen") von Gott angenommen wird (→Rechtfertigung). Als reformatorisch bezeichnen sich all diejenigen Kirchen, die ihre entscheidende Prägung durch die Reformation erfahren haben. In der nach der Reformation einsetzenden „Gegenreformation" sammelten sich all diejenigen Kräfte, die eine Festigung der katholischen Kirche und ihres Glaubens durch innere und äußere Erneuerung erzielen wollten.

Reformierte Kirche

(s. unter Protestantismus)

Rückkehrökumene

Bezeichnung für die Vorstellung, alle nichtkatholischen Christen bzw. Konfessionen sollten in die römisch-katholische Kirche „zurückkehren".

Sakrament

Sichtbares Zeichen unsichtbarer Gnade, das bezeichnet, was es bewirkt; nach gemeinsamem katholischen (orthodoxen) und evangelischen Verständnis ist das eigentliche „Sakrament" Gottes (im Sinne von →„Mysterion" als göttliches Heilsereignis) Jesus Christus selbst. „Sakramente" (im Plural) als Begegnungen mit Jesus Christus in Form von (wirksamen) Zeichenhandlungen können daher nur in einem abgeleiteten Sinne „Sakrament" sein. Nach katholischem, orthodoxem und lutherischem Verständnis enthalten sie *real* das, was sie *symbolisieren*, die heilvolle Begegnung mit Jesus Christus. Sie können daher als „Realsymbole" bezeichnet werden. Die katholische Theologie betont darüber hinaus, dass die Sakramente „aus sich selbst heraus" (lat.: „ex opere operato") das Bezeichnete bewirken. Das heißt, ihre heilvolle Wirkung hängt nicht von der persönlichen Verfassung oder vom Glauben oder Unglauben des *Gebers* („Spenders") ab, sondern die Wirkung geschieht unabhängig von ihm, insofern auf Gott, den eigentlich Handelnden, beständig Verlass ist. Die Reformatoren legten stattdessen Wert darauf, dass der persönliche Glaube zum wirksamen *Empfang* des Sakraments notwendig ist. Dies wollte die katholische Seite nicht leugnen. Die Anzahl der Sakramente ist zwischen den Kirchen umstritten: Evangelische Christen kennen nur zwei bzw. drei Sakramente [Taufe und Abendmahl, evtl. Buße], katholische und orthodoxe Christen dagegen sieben [Taufe, Firmung, Eucharistie, Buße, Ehe, Krankensalbung, Ordination], wobei die Orthodoxie diese Anzahl nicht verbindlich festgelegt hat. Die unterschiedliche Auffassung hängt davon ab, ob Jesus Christus als *unmittelbarer und folglich in der Heiligen Schrift bezeugter* Stifter des jeweiligen Sakraments verstanden wird (dann reduziert sich ihre Zahl) oder ob eine Kirche ihre im Laufe der Zeit entwickelten wesentlichen Handlungen als Sakramente versteht, weil sie sie mittelbar von Jesus Christus ableitet, der in der Kirche gegenwärtig ist (dann erhöht sich ihre Zahl).

Säkularökumenismus

Bestrebungen, die Einheit der Christen in einen Zusammenhang zur Welt und ihren Herausforderungen und Problemen zu stellen.

Sekte

Im deutschen Sprachraum (häufig negativ) verwendeter Begriff für bestimmte Gemeinschaften, hauptsächlich religiösen (christlichen und nicht- bzw. außerchristlichen) Charakters in Unterscheidung zu den christlichen Volks- und Freikirchen. Als Ableitung von lat. „sequi" („folgen") im Sinne von „Gefolgschaft" können mehrere charakteristische Merkmale für Sekten mit christlichem Hintergrund genannt werden: exklusiver, durch eine selektive Bibelauslegung und außerbiblische Offenbarungsquellen gewonnener Wahrheitsanspruch; autoritäre Strukturen und abgrenzende (z. T. eifernde), antiökumenische Grundhaltung; Nichtanerkennung der Taufe anderer Kirchen und christlicher Gemeinschaften; Ablehnung der altkirchlichen Glaubensbekenntnisse; Überzeugung eines exklusiven Erwähltseins.

Sola fide

[lat. „allein durch Glauben"] Ursprünglich lutherische Formulierung, mit der der Vorgang der göttlichen →Rechtfertigung (Annahme) des Sünders in Form seines existentiellen Vertrauens (lat.: „fiducia"), aber ohne sein Zutun im Sinne von „guten Werken" zum Ausdruck gebracht werden soll; nach der Unterzeichnung der →GE auch gemeinsame Formulierung von Katholiken und Lutheranern, um hervorzuheben, dass die guten Werke aus dem Vorgang der Rechtfertigung ausgeschlossen sind und sie daher keine Bedingung für die Annahme des Menschen durch Gott sind; die guten Werke folgen allerdings aus der Rechtfertigung durch Gott.

Sola gratia

[lat. „allein die Gnade"] Ursprünglich lutherische Formulierung, um die Alleinwirksamkeit des göttlichen Handelns gegenüber den Menschen zu betonen; seit der Unterzeichnung der →GE gemeinsame Formulierung von Lutheranern und Katholiken, mit der ausgeschlossen werden soll, dass der Mensch ohne die göttliche Gnade von sich aus etwas zu seinem Heil beitragen könne.

Sola scriptura

[lat. „allein die Schrift"] Gegen die katholische Lehre von Schrift und mündlicher Tradition als zwei Überlieferungsweisen des einen Evangeliums gerichtete lutherische Formulierung; mit ihr soll die Heilige Schrift als einzige Grundlage in der vom Geist Gottes gewirkten Erkenntnis der göttlichen Offenbarung zum Ausdruck kommen.

Solus Christus

[lat. „allein Christus"] Lutherische Formulierung, um die einzigartige Würde, Stellung und Funktion Jesu Christi im göttlichen Heilsplan auch kritisch gegenüber der Kirche, ihren Amtsträgern und den Heiligen zum Ausdruck zu bringen; diese Formulierung kann auch katholisch gebraucht werden, sofern sie nicht das notwendige Zeichen- und Werkzeugsein der Kirche für Christus und die fürbittende (nicht heilsvermittelnde!) Funktion der Heiligen bei Gott ausschließt.

Spiritualität

Bezeichnet die Lebensform des vom Heiligen Geist erfüllten Christen in der Teilhabegemeinschaft mit dem dreieinigen

Gott. Diese Gemeinschaft ermöglicht den Lobpreis und die Anbetung Gottes sowie den dankbaren Einsatz der vom Geist Gottes verliehenen Gnadengaben zum Wohl anderer in der Gemeinschaft des Glaubens und außerhalb von ihr.

Subsistit

[lat. „ist konkret verwirklicht"] Begriff, mit dem das Zweite Vatikanische Konzil versucht, das nichtidentische, aber dennoch einmalige Verhältnis zwischen der Kirche Jesu Christi und der katholischen Kirche auszusagen und damit ein Kirchesein auch außerhalb der katholischen Kirche (in den anderen christlichen Konfessionen) anzuerkennen.

Sukzession

[lat. „Nachfolge"] Bezeichnet die Kontinuität der Kirche und des Amtes in Lehre und Sendung der Apostel. In diesem umfassenden Sinne spricht man von „apostolischer Sukzession". Die grundsätzliche Kontinuität im Bischofsamt dient nach katholischem, orthodoxem (z. T. anglikanischem) Verständnis zeichenhaft und wirksam der apostolischen Kontinuität der Kirche. Nach reformatorischem Verständnis hingegen hängt die Treue der Kirche zum (apostolischen) Evangelium nicht an der Sukzession im Amt.

Suprematsakte

1534 getroffene gesetzliche Entscheidung des englischen Königs Heinrich VIII., die die Geistlichen und Staatsbeamten zu einem Eid des Gehorsams gegenüber dem König als rechtlichem Oberhaupt der Kirche zwingt; erst im 19. Jahrhundert stufenweise abgeschafft (für Katholiken mit der Emanzipationsakte von 1829 aufgehoben).

Symbolum

[griech.-lat.] Bezeichnung für eine von der kirchlichen Autorität vorgenommene Formulierung des christlichen Glaubensinhaltes. Für die Westkirche wurde das altkirchliche „Apostolische Glaubensbekenntnis" bedeutsam (als römisches Taufbekenntnis im vierten Jahrhundert bezeugt). Für die westliche und östliche Christenheit insgesamt ist allerdings das aus den christologischen Streitigkeiten des vierten und fünften Jahrhunderts erwachsene nizäno-konstantinopolitanische Glaubensbekenntnis (381 n. Chr.) von größerer Bedeutung; seit dem sechsten Jahrhundert allgemein verbreitetes Taufbekenntnis.

Transsubstantiationslehre
Katholische Lehre von der Wesensverwandlung von Brot und Wein zu Leib und Blut Christi, die von einem aristotelischen Substanzverständnis Gebrauch macht. Diese Lehre will die eucharistische Realpräsenz argumentativ unterstützen.

Una-Sancta-Bewegung
Eine in den 30er und 40er Jahren des 20. Jahrhunderts von katholischen und evangelischen Amtsträgern wie Laien getragene ökumenisch ausgerichtete Bewegung, die darauf zielt, Vorurteile und Missverständnisse zwischen den Christen abzubauen und Gemeinsamkeiten bewusst zu machen; ging meist in den nach dem Zweiten Vatikanischen Konzil entstandenen ökumenischen Gremien auf.

„Unitatis redintegratio"
[lat. „Wiederherstellung der Einheit"] Name des Dekrets („Beschluss") über den Ökumenismus des →Zweiten Vatikanischen Konzils (1962–1965), in dem die anderen christlichen Konfessionen als „Mittel des Heiles" und folglich in ihrem Kirchesein gewürdigt werden.

Versöhnte Verschiedenheit
Zielvorstellung kirchlicher Einheit, die in den siebziger Jahren des 20. Jahrhunderts im Lutherischen Weltbund entstand und seitdem in anderen protestantischen Kirchen sowie auch in der katholischen Kirche zunehmende Anhängerschaft gefunden hat und seit der Unterzeichnung der →Gemeinsamen Erklärung mit dem Modell der vollen Kirchengemeinschaft verbunden wird; die versöhnte Verschiedenheit betont die bleibende konfessionelle Verschiedenheit des Christentums, weiß aber um die notwendige und noch ausstehende Versöhnung von bislang Trennendem zwischen den Kirchen.

Vor- oder nichtchalkedonensische Kirchen
Christliche Kirchen, die aus verschiedenen Gründen die Entscheidung über die zwei Naturen Christi des →Konzils von Chalkedon (451 n. Chr.) nicht mitgetragen haben und seit dem nicht mehr in voller Kirchengemeinschaft mit den chalkedonensischen Kirchen stehen (z. B. die syrisch-orthodoxen Kirchen).

Weihe
(s. unter Ordination)

Weltkonferenz für Glauben und Kirchenverfassung
(s. unter Faith and Order)

Weltkonferenz für Praktisches Christentum
(s. unter Life and Work)

Zweites Vatikanisches Konzil
Reformkonzil (→Konzil) der katholischen Kirche von 1962 bis 1965; von entscheidender Bedeutung war die Erneuerung des Gottesdienstes (Liturgie), die Hervorhebung von Religions- und Gewissensfreiheit sowie die Gewinnung eines neuen Verhältnisses zu den nichtkatholischen Kirchen (→„Unitatis redintegratio").

Zwingli
(s. unter Reformation)

Weiterführende Werke

Die folgenden Werke wurden für das vorliegende Buch verwendet und sind zugleich zur Vertiefung geeignet:

[Die] Bekenntnisschriften der evangelisch-lutherischen Kirche, Göttingen [11]1992 (Sammlung der offiziellen Bekenntnisschriften des evangelisch-lutherischen Christentums; enthält vor allem das wichtige „Augsburger Bekenntnis" [„Confessio Augustana"]; wertvoll für historisch und theologisch besonders interessierte Leser)

Book of Common Prayer, 1662, Neudr. Oxford 1969 (offizielles Gebets- und Glaubensbuch der [anglikanischen] Kirche von England; mehrfach überarbeitet; aufgrund zahlreicher anderer und modernerer Gottesdienstordnungen an Bedeutung verloren; als Lektüre für theologiegeschichtlich und liturgisch Interessierte geeignet)

Dokumente wachsender Übereinstimmung. Sämtliche Berichte und Konsenstexte interkonfessioneller Gespräche auf Weltebene, 2 Bde [1931–1982; 1982–1990], H. Meyer u. a., Hg., Paderborn u. a. 1983/1992 (ökumenisches Standardwerk; enthält alle internationalen Dialogtexte bis 1990; theologische Vorkenntnisse des Lesers/der Leserin sind erforderlich)

Einig in der Mitte unseres Glaubens? Die Botschaft von der Rechtfertigung in ihrer Bedeutung für Menschen heute. Eine Arbeitshilfe fur das ökumenische Gespräch, Bistumskommission für ökumenische Fragen der Diözese Münster, Hg., Münster 1999

Evangelischer Erwachsenenkatechismus. Kursbuch des Glaubens, W. Jentsch u. a., Hg., Gütersloh 1975 (stellt in allgemeinverständlicher Sprache die Glaubensüberzeugungen evangelischen Christentums dar)

Gerechtfertigt durch Gott. Die Gemeinsame lutherisch/katholische Erklärung. Eine Lese- und Arbeitshilfe (Handreichung für Erwachsenenbildung, Religionsunterricht und Seelsorge), P. Lüning u. a., Paderborn 1999

Grundkurs Ökumene. Ökumenische Entwicklung – Brennpunkte – Praxis, 2 Bde, M. Kappes u. a., Hg., Kevelaer 1998 (besonders gut als Einführung von Gruppen in die ökumenische Problematik geeignet; viele graphische Darstellungen, Zahlen und Daten, Quellentexte)

Handbuch der Ökumenik, 4 Bde, H.J. Urban, H. Wagner, Hg., Paderborn 1985-87 (Standardwerk in ökumenischer Theologie; informiert eingehend über das gesamte Spektrum ökumenischer Fragen)

[Der] Heidelberger Katechismus, für den Jugendunterricht in evangelischen Gemeinden. Vereinfachte Ausgabe, Neukirchen-Vlyun [10]1988 (eine moderne sprachliche Übersetzung eines der entscheidendsten Bekenntnisschriften des evangelisch-reformierten Christentums)

Kleine Konfessionskunde, Johann-Adam-Möhler-Institut, Hg., Paderborn [3]1999 (grundlegender Überblick über das konfessionelle Spektrum des Christentums; wichtige Voraussetzung für das Verstehen von Ökumene)

Kleines Konzilskompendium. Sämtliche Texte des Zweiten Vatikanums mit Einführungen und ausführlichem Register, K. Rahner u. a., Hg., Freiburg u. a. [21]1989 (enthält die entscheidenden Grundlagentexte für die „nachkonziliare" [heutige] katholische Theologie)

Neuner, P., Kleines Handbuch der Ökumene, Düsseldorf 1984 (ein sachkundiger Überblick über die historischen und systematischen Problemfelder der Ökumene).

Neuner, P., Ökumenische Theologie. Die Suche nach der Einheit der christlichen Kirchen (Wissenschaftliche Buchgesellschaft), Darmstadt 1997 (eine vertiefte wissenschaftliche Einführung in die Geschichte und Systematik der Ökumene; theologische Vorkenntnisse des Lesers/der Leserin erforderlich)

Ökumene-Lexikon. Kirchen – Religionen – Bewegungen, (Verlag Otto Lembeck) Frankfurt a. M. [2]1987

Taufe, Eucharistie und Amt. Konvergenzerklärungen der Kommission für Glauben und Kirchenverfassung des Ökumenischen Rates der Kirchen, Frankfurt a. M. u. a. [10]1985 (entscheidende multikonfessionelle Dialogergebnisse über die Fragen von Taufe, Eucharistie und Amt; auch als „Lima-Erklärung" bekannt; theologische Vorkenntnisse des Lesers/der Leserin sind erforderlich)

Verzeichnis der bilateralen ökumenischen Dialogdokumente im deutschsprachigen Raum

(Die internationalen bilateralen Dialoge sind in „Dokumente wachsender Übereinstimmung“ veröffentlicht)

Römisch-Katholisch/Lutherischer Dialog

Bilaterale Arbeitsgruppe der Deutschen Bischofskonferenz und der Kirchenleitung der Vereinigten Evangelisch-Lutherischen Kirche Deutschlands (VELKD), Kirchengemeinschaft in Wort und Sakrament, Paderborn u. a. 1984.

Bilaterale Arbeitsgruppe der Deutschen Bischofskonferenz und der Kirchenleitung der VELKD, Communio Sanctorum. Die Kirche als Gemeinschaft der Heiligen, Paderborn u. a. 2000.

Römisch-Katholisch/Orthodoxer Dialog

Gemeinsame Kommission der Griechisch-Orthodoxen Metropolie von Deutschland und der römisch-katholischen Kirche in Deutschland, Ehen zwischen orthodoxen und katholischen Christen. Eine Handreichung, Bonn 1993.

Gemeinsame Kommission der Griechisch-Orthodoxen Metropolie von Deutschland und der römisch-katholischen Kirche in Deutschland, Die Sakramente (Mysterien) der Eingliederung in die Kirche, Bonn 1997.

Lutherisch/Baptistischer Dialog

Schlussbericht des Gespräches zwischen dem Bund Evangelisch-Freikirchlicher Gemeinden in Deutschland (BEFGD) und der Vereinigten Evangelisch-Lutherischen Kirche Deutschlands (VELKD), 1981, in: Vereinigte Evangelisch-Lutherische Kirche Deutschlands, Hg., Texte aus der VELKD, Nr. 17/1981, Hannover 1981, 1–12.

Lutherisch/Mennonitischer Dialog

Lutherisch-mennonitische Gespräche in Deutschland, 1989 bis 1992, in: Texte aus der VELKD, Nr. 53/1993, Hannover 1993.

Erklärung der gegenseitigen Einladung zum Abendmahl, in: Texte aus der VELKD, Nr. 67/1996, 26–28, Hannover 1996.

Lutherisch/Methodistischer Dialog

Bericht über das Lehrgespräch zwischen Evangelisch-methodistischer Kirche in der Bundesrepublik Deutschland und West-Berlin (EmK) und der Vereinigten Evangelisch-Lutherischen Kirche Deutschlands (VELKD), 1982, in: Lutherisches Kirchenamt und Kirchenkanzlei der evangelisch-methodistischen Kirche, Hg., Vom Dialog zur Kanzel- und Abendmahlsgemeinschaft. Eine Dokumentation der Lehrgespräche und der Beschlüsse der kirchenleitenden Gremien, Hannover 1987, 13–24; 56–58.

Lutherisch/Reformierter Dialog

Verfassung der Evangelischen Kirche Augsburgischen und Helvetischen Bekenntnisses in Österreich, Wien 1971.

Reformiert/Altreformierter Dialog

Ergebnisse des reformiert-altreformierten Gesprächs über Wesen, Gestalt und Auftrag der Kirche, 1990, in: Gemeinsamer Ausschuß der Evangelisch-reformierten Kirche und der Evangelisch-altreformierten Kirche, Hg., Gemeinsam unterwegs. Reformiert-altreformierte Gespräche, Bad Bentheim 1994, 15–19.

Übertrittsvereinbarung zwischen der Evangelisch-altreformierten Kirche und der Evangelisch-reformierten Kirche, 1990, in: Ebd., 28–29.

Vereinbarung über die gegenseitige Beteiligung an Synoden, 1990, in: Ebd., 30–31.

Gespräche, an denen auf evangelischer Seite mehrere Konfessionen beteiligt waren:

Evangelisch/Altkatholischer Dialog

Vereinbarung zwischen EKD und Bistum der Altkatholiken über eine gegenseitige Einladung zur Teilnahme an der Eucharistie, 1985, in: Ökumenische Rundschau 34 (1985) 365–367.

Evangelisch/Orthodoxer Dialog

Die Gespräche zwischen der EKD und verschiedenen orthodoxen Kirchen sind von Seiten der Orthodoxen nicht auf den deutschsprachigen Raum beschränkt.

Evangelisch/Orthodoxe Gesprächskommission, Vorschlag für eine evangelisch-orthodoxe Traufeier in der Schweiz, in: Schweizerischer Evangelischer Kirchenbund, Vorschlag für eine evangelisch-orthodoxe Traufeier in der Schweiz (ökumene texte oecuménique 1), Bern 1996.

Evangelisch/Römisch-Katholischer Dialog

Gemeinsame Erklärung des Ökumenischen Arbeitskreises evangelischer und katholischer Theologen, Die ökumenische Bedeutung des ersten Konzils von Konstantinopel (381), in: K. Lehmann u. a., Hg., Glaubensbekenntnis und Kirchengemeinschaft. Das Modell des Konzils von Konstantinopel (381) (Dialog der Kirchen 1), Freiburg i. Br. u. a. 1982, 120–125.

Gemeinsame Erklärung des Ökumenischen Arbeitskreises evangelischer und katholischer Theologen, Zeichen der Einheit der Kirche im Anschluss an die Confessio Augustana. Evangelium – Sakramente – Amt, in: K. Lehmann u. a., Hg., Evangelium – Sakramente – Amt und die Einheit der Kirche. Die ökumenische Tragweite der Confessio Augustana (Dialog der Kirchen 2), Freiburg i. Br. u. a. 1992, 184–192.

Ökumenischer Arbeitskreis evangelischer und katholischer Theologen, Das Opfer Jesu Christi und der Kirche. Abschließender Bericht, in: K. Lehmann u. a., Hg., Das Opfer Jesu

Christi und seine Gegenwart in der Kirche. Klärungen zum Opfercharakter des Herrenmahles (Dialog der Kirchen 3), Freiburg i. Br. u. a., 215–238.

Schlußbericht der Gemeinsamen Ökumenischen Kommission zur Überprüfung der Verwerfungen des 16. Jahrhunderts, in: K. Lehmann u. a., Hg., Lehrverurteilungen – kirchentrennend? I. Rechtfertigung, Sakramente und Amt im Zeitalter der Reformation und heute (Dialog der Kirchen 4), Freiburg i. Br. u. a. 1986, 187–196.

Ökumenischer Arbeitskreis evangelischer und katholischer Theologen, Kanon – Heilige Schrift – Tradition. Gemeinsame Erklärung, in: W. Pannenberg u. a., Hg., Verbindliches Zeugnis, I. Kanon – Schrift – Tradition (Dialog der Kirchen 7), Freiburg i. Br. u. a. 1992, 371–397.

Ökumenischer Arbeitskreis evangelischer und katholischer Theologen, Schriftverständnis und Schriftgebrauch. Abschließender Bericht, in: Th. Schneider u. a., Hg., Verbindliches Zeugnis. III. Schriftverständnis und Schriftgebrauch (Dialog der Kirchen 10), Freiburg i. Br. u. a. 1998, 288–389.

Innerevangelischer Dialog zwischen mehreren Konfessionen

Zum Verständnis der gemeinsam formulierten und einmütig angenommenen Sätze über das Heilige Abendmahl (Arnoldshainer Abendmahlsthesen), 1957, in: Zur Lehre vom Heiligen Abendmahl. Bericht über das Abendmahlsgespräch der Evangelischen Kirche in Deutschland 1947–57 und Erläuterungen seines Ergebnisses, München 1958, 15–18.

(Die Konkordie reformatorischer Kirchen in Europa [„Leuenberger Konkordie“], 1973, ist auf europäischer Ebene entstanden.)

Register